Kauderwelsch
Band

W0251212

Impressum

Beppo Beyerl, Klaus Hirtner, Dr. Gerald Jatzek
Wienerisch – das andere Deutsch
erschienen im
REISE KNOW-HOW Verlag Peter Rump GmbH
Osnabrücker Str. 79, D-33649 Bielefeld

8. neu bearbeitete Auflage 2009

Bearbeitung Claudia Schmidt
Umschlag & Layout-Konzept Günter Pawlak, FaktorZwo! Bielefeld
Layout Elfi Gilissen
Illustrationen Stefan Theurer
Titelfoto © Herbert Kratky@fotolia.com
Druck und Bindung Fuldaer Verlagsanstalt GmbH & Co. KG, Fulda

ISBN 978-3-89416-269-6
Printed in Germany

Dieses Buch ist erhältlich in jeder Buchhandlung Deutschlands, Österreichs, der Schweiz und der Benelux-Staaten. Bitte informieren Sie Ihren Buchhändler über folgende Bezugsadressen:

Deutschland Prolit GmbH, Postfach 9, 35461 Fernwald (Annerod) sowie alle Barsortimente
Schweiz AVA-buch 2000, Postfach 27, CH-8910 Affoltern
Österreich Mohr Morawa Buchvertrieb GmbH Sulzengasse 2, A-1230 Wien
Belgien & Niederlande Willems Adventure, www.willemsadventure.nl
direkt Wer im Buchhandel kein Glück hat, bekommt unsere Bücher zuzüglich Porto- und Verpackungskosten auch direkt über unseren Internet-Shop: **www.reise-know-how.de.**

Kauderwelsch

Beppo Beyerl,
Klaus Hirtner,
Dr. Gerald Jatzek

Wienerisch

das andere Deutsch

Kauderwelsch-Dialektführer sind anders!

Warum? Weil sie die Zugereisten - egal ob touristisch oder beruflich - in die Lage versetzen, das Kauderwelsch der alteingesessenen Bewohner vor Ort mit all seinen fremdartig und zuweilen lustig klingenden Lauten und Ausdrücken wirklich zu verstehen, und sich gekonnt in die **Lebensart, das Lebensgefühl, die Lebensphilosophie** der Menschen vor Ort einzufühlen. Denn ein Dialekt ist nie nur eine andere Art zu sprechen, sondern der Spiegel einer anderen Art zu denken, fühlen, genießen, leben und lieben.

Wir verzichten daher auf lange wissenschaftliche Abhandlungen über die Herkunft des Dialektes und kommen gleich nach den **grundlegenden lautlichen & grammatikalischen Unterschieden** zu dem, was Alteingesessene auf der Straße und Zuhause sprechen. So wird es ein Leichtes dem Charme des trockenen Humors und der bildreichen Sprache der deutschen Dialekte und Mundarten zu erliegen.

Die **Autorinnen und Autoren** werden Sie immer wieder zum Schmunzeln bringen und gekonnt Mentalität und Lebensgefühl des jeweiligen Sprachraumes vermitteln. Es erwarten Sie sprachliche Leckerbissen, gespickt mit **umgangssprachlichen Floskeln, Redewendungen und lockeren Sprüchen**, die den Mutterwitz der Bewohner charakterisieren.

Glücklicherweise gibt es noch Menschen - alt und jung, Zugereiste oder Alteingesessene- , die das **Hochdeutsche** mit Liebe links liegen lassen und Ihnen mit einer gehörigen Portion Dialekt einige Rätsel aufgeben. Das gilt natürlich auch für **Wienerisch** oder **Schweizerdeutsch**.

Und weil's so schön ist, erfreut sich manch ein Dialekt auch weit über die eigentlichen Sprachgrenzen hinaus großer Beliebtheit wie z. B. **Kölsch** - die Sprache der Domstadt am Rhein -, oder **Berlinerisch** - man denke da nur an Kennedy's Ausspruch "Ick bin ein Berliner"-, oder **Sächsisch**, was nach der Wende besonders oft scherzhaft nachgeahmt wurde.

Inhalt

Anhang

URGEIL!
DER PRÅTA!

Vorwort

Liebe Leserin, lieber Leser!

Wir freuen uns, dass Sie von diesem Band Gebrauch machen wollen: Sie können ihn entweder als unterhaltsame Lektüre verwenden, um gewisse sprachliche und außersprachliche Eigenheiten der Wiener verstehen zu lernen; oder Sie wollen tatsächlich im Alltag in Wien Erfolg haben.

Selbstverständlich können Sie hier ein „Pfund Tomaten" bestellen. „Immer diese Ausländer!" wird sich jedoch der Gemischtwarenhändler denken, der in Wirklichkeit ein **Greißler** (Tante-Emma-Laden) ist, und Ihnen angefaulte Exemplare von ganz unten in die Tasche schieben. Nach der Lektüre dieses Buches wissen Sie, Sie hätten ein halbes Kilo **Paradeiser** bestellen müssen!

„Wienerisch" wird nicht nur von einer bestimmten Schicht gesprochen; genausowenig führt es zur Verarmung der Sprache und zur Reduktion der Formen. Im Gegenteil: Für das Tätigkeitswort „tun" gibt es im Wienerischen allein sechs Möglichkeitsformen!

Nahezu jeder in Wien versteht und spricht - bis auf wenige Ausnahmen - die hier aufgeführten Ausdrücke. Der Bürgermeister geht genauso wie der Bauarbeiter ins **Beisl** (Kneipe) - es muß ja nicht unbedingt dasselbe sein.

Vorwort

Wie Sie, geschätzte Leserin, geschätzter Leser, dieses Buch nun auch verwenden, als unterhaltsame Lektüre oder als praktischen Ratgeber im Alltag, Sie werden bemerken, dass es beim Schreiben dieses Bandes unsere Absicht war, dem Wiener aufs Maul zu schauen, ohne ihm dabei auf den Leim zu gehen.

Beppo Beyerl
Klaus Hirtner
Gerald Jatzek

Hinweise zum Gebrauch

Jedes der 18 Kapitel behandelt ein wichtiges Thema des Wiener Alltaglebens, so dass Sie in jedem Fall mit dem entsprechenden Wortschatz gerüstet sind und einem Aufenthalt in Wien nichts mehr im Wege steht. Alle Ausdrücke und Redewendungen werden übersetzt, sofern sie nicht offensichtlich verständlich sind. Die meist aus dem Amerikanischen kommenden Modewörter, die auch schnell wieder vergessen werden, sind in diesem Band selbstverständlich nicht aufgenommen.

Die Verwendung der hier vorgestellten wienerischen Ausdrücke hat sich aufgrund der modernen Verkehrswege und der Flexibilität der Bevölkerung weit ins agrarische Umland Wiens ausgedehnt. Auch in den großen Städten, etwa Oberösterreichs oder der Steiermark, werden die meisten Wendungen benutzt. Je weiter Sie jedoch westwärts fahren, auf desto mehr Unverständis werden Sie stoßen. In Tirol könnten Sie bei allzu häufiger Verwendung wienerischer Wörter Einreiseverbot bekommen.

Im Anhang sind alle Stichwörter noch einmal alphabetisch in einem Register zusammengefaßt, die Zahl dahinter gibt die Seitenzahl an, auf der man den entsprechenden Ausdruck finden kann. Bei Redewendungen wie **„an Topfn redn“** sucht man unter **„Topfn“**.

Nebbiche Powidldatschkerln

Wie sich das Wienerische zusammensetzt

Ursprünglich ist das Wienerische ein ostmittelbairischer Dialekt, der erst durch die Vermischung mit vielen anderen Sprachen, Gruppen- und Umgangssprachen zur wahren Entfaltung und Vollkommenheit gelangen konnte.

Die wichtigsten „Zutaten“ zur Vollkommenheit sind - in alphabetischer Reihenfolge - Jiddisch, Rotwelsch und Tschechisch. Dazu kommen noch verschiedene Einflüsse aus dem Französischen, das vom Kaiserhof und vom Hochadel gepflegt wurde, aus dem Italienischen, das die Bauarbeiter nach Wien brachten, sowie - dank der gemeinsamen Geschichte - aus dem Ungarischen.

Jiddisch

Jiddisch ist die Sprache der nicht an die bestehenden Verhältnisse angepaßten Juden aus Ost- und Mitteleuropa, der Aschkenasim. Es entwickelte sich aus mittelhochdeutschen Mundarten, die sich mit slawischen und hebräischen Einflüssen mischten. Im 13. Jahrhundert bereits hatte das Jiddische eine geregelte Rechtschreibung, im frühen 19.

Jahrhundert eine einheitliche Schriftsprache.

Die nach 1880 einsetzende Massenauswanderung der Juden aus den Gebieten Ost- und Mitteleuropas sowie die versuchte „Endlösung der Judenfrage" führten zu einer Aufspaltung und Schwächung des Jiddischen. Heute findet es nur mehr als Zweitsprache Verwendung - in New York genauso wie in Moskau, aber kaum mehr in Wien.

Beispiele des Jiddischen im heutigen Wienerisch sind **Ganove, mies, Beisl** (Kneipe), **Hawara** (Freund), **Nebbich** (unbedeutender Mensch).

Rotwelsch

Rotwelsch ist die Geheimsprache der Nichtseßhaften des deutschen Sprachraums: der Zigeuner, fahrenden Spielleute, Gauner, Hausierer etc. Viele von ihnen waren Juden, wodurch sich das Rotwelsch manchesmal mit dem Jiddischen überschnitt.

Rotwelsch wurde als Tarnung gegenüber der jeweiligen Obrigkeit sowie als Nachweis der Zugehörigkeit zu den betreffenden Gruppen verwendet. Der Wortschatz beschränkte sich allerdings auf Bereiche des täglichen Bedarfs.

Beispiele aus dem Rotwelsch im heutigen Wienerischen sind **Schmålz** (richterlich verfügte Strafe), **Marie** (Knete, Geld).

Tschechisch

Von Autoren, die nach kulturellem und politischem Zusammenschluß aller slawischen Völker strebten, wurde Wien um die Jahrhundertwende als die größte tschechische Stadt bezeichnet. Von 500.000 damals in Wien lebenden Tschechen sind laut letzter Volkszählung 3000 bis 4000 Einwohner übriggeblieben, die sich zur tschechischen Volksgruppe bekennen. Die übrigen Tschechen sind entweder in den Zwanziger Jahren in die neugebildete tschechoslowakische Republik zurückgekehrt, oder sie wurden hundertprozentig, manche auch hundertzehnprozentig, eingegliedert.

Typische Beispiele des tschechischen Einflusses in Wien beim Blättern im Telefonbuch sind sieben Spalten „Fiala“, siebzehn Spalten „Sv(w)oboda“. Typische Beispiele des tschechischen Einflusses beim Durchblättern der Speisekarte (viele der Wirtschaftsmigrantinnen arbeiteten als **behmische Kechinnen** in den vornehmen Wiener Haushalten):
Golatschn (gefülltes Hefegebäck),
Kren (Meerrettich),
Powidldatschkerl.

Wüst a Powidldatschkerl?
Willst du ein mit Pflaumenkonfitüre gefülltes Kartoffelteiggebäck?

Französisch

Das Französische wurde vor allem in höfischen Kreisen genäselt; nichtsdestotrotz gibt es französische Ausdrücke im Berufsleben:
Installateur, Coiffeur,

sowie in der Anatomie eines Hauses:
Plafond (Zimmerdecke),
Beletage (repräsentativer Gästeraum).

Aussprache

Der Wiener spricht harte Mitlaute meist weich aus: **Gaugau** (Kakao). Das **r** wird konsequent vermieden:

i hea (ich höre), **du heast** (du hörst)

Selbstlaute werden in die Länge gezogen:

Kafeeh (Café)

Das **a** wird dabei oft lang und dumpf ausgesprochen und befindet sich in etwa zwischen einem **o** und einem **au**; es wird durch den Buchstaben **å** kenntlich gemacht:

Våta	Vater
Pråta	Park in Wien
Håhn	Hahn

Jenseits des Duden

Die Wiener Grammatik

Wer mit Wienern in näheren Kontakt treten möchte oder muß (z.B. mit einer Behörde), sollte sich durch folgende Besonderheiten nicht aus dem Konzept bringen lassen!

Das Wiener Reflexivum

Verwenden Sie, wann immer möglich, die rückbezüglichen Formen der Verben:

mir treffen sich
mir freuen sich
aber:
mir scheißn uns nix

Hier die berühmte Aufforderung eines Polizisten zum erwischten Gauner, ein sozusagen behördliches Doppel-Reflexivum:

Ergeben Sie sich Ihnen!

Die doppelte Verneinung

Die doppelte Verneinung dient zur Bekräftigung von Aussagen:

Des ist ka Guater net!

Oder noch stärker wirkt ein doppeltes **net**:

Des ist ka Guater net, net?!

Liberale Lösungen für die Möglichkeitsform

Die Möglichkeitsformen (Konjunktiv) werden nach dem Grundsatz „möglich ist, was möglich ist“ gebildet!

Der Kabarettist Wolfgang Teuschl gibt in seinem „Wiener Dialektlexikon“ folgende legitime Möglichkeitsformen von „tun“ in der 1. Person Einzahl („ich ...“) an:

I tat / I tät / I tatert /

I tätert / I tuarert / I tarat

Alles klar?

Der Wiener Genitiv (Wes-Fall)

Im Lateinischen bedeutet *genitivus* soviel wie „angeboren“. Die Wiener unterscheiden deshalb streng zwischen Menschen bzw. den Menschen nahen Lebewesen einerseits und Sachen andererseits. Der Genitiv hat verschiedene Bestimmungen:

In Wien zum Beispiel existiert nicht „Vaters Fuß“, sondern nur:

dem Våta (dem Hund) sei Fuaß,
aber: **der Fuaß vom Tisch.**

Partikel und Artikel

Viele Artikel (Geschlechtswörter) bzw. Partikel (ungebeugte Wörter, wie z. B. Verhältniswörter, Bindewörter, Umstandswörter) sind im Wienerischen auf ein Minimum von einem oder zwei Buchstaben verkürzt. Zum Beispiel bedeuten ...

a auch; ein, eine. **Håst a a Marie? =** *Hast du auch Knete?*

an einen

å(n) an. **Zah å!** *(Zieh an!)* = *Mach weiter!*

da der

de die

di dich, dir

i ich

kleine Füllworte zur Unterstreichung des Satzinhalts

eh ist in fast jeder Stellung in fast jedem Satz verwendbar, sozusagen als Jolly Joker im Wienerischen. Die Übersetzung kann „sowieso“, „klar“, „natürlich“, „ja, freilich“ bedeuten. Ein nachgehängtes **klår** ist möglich.

I stell mi eh a å!
Natürlich stehe ich auch in der Warteschlange!

Sprechen Sie beide Varianten fünfmal hintereinander, und Sie finden Geschmack am Wienerischen. - **Eh klår!**

Die sich dadurch ergebenden Verkleinerungen verhindern, dass der Wiener in Zeitlupe spricht.

Verkleinerungen

Das Wienerische bedient sich gerne verschiedener Verkleinerungsformen, um den trügerischen Anschein der Freundlichkeit zu erwecken: **Des is a Herzal!** ist keineswegs nett gemeint, sondern bezeichnet einen unsympathischen Typ!

Die verbreitetste Verkleinerungsform ist **-erl**, doch darf diese, wie schon Karl Farkas nachwies, nicht unbedacht eingesetzt werden: Ein **Haserl** ist ein kleiner Hase, ein **Vaserl** ist eine naive Person, aber ein **Busserl** ist keineswegs ein Kleinbus!

Verhältniswörter

Vieles passiert **åm:** Ein Wiener sitzt z.B. nicht bei Tisch, sondern **åm** Tisch. Er **trifft sich åm** Bahnhof und **kräut åm Berg aufe** (kriecht den Berg hinauf). **Åm** ist somit wohl das gebräuchlichste und wichtigste Verhältniswort.

Bazis und Gscherte

Wiener und andere Leut'

anregender Kulturenmix

Die Wiener Bevölkerung ist von alters her eine gemischte Kultur- und Lebensgemeinschaft, entstanden durch die Heirat des böhmischen Großvaters mit der jüdischen Großmutter aus Lemberg. Der Vater zog um die Jahrhundertwende mit seiner Frau, einer ungarischen Köchin, nach Wien, weil ihm sein Cousin, ein kroatischer Sattelflicker, erzählte, dass es in der Ziegelfabrik Arbeit für ihn gebe.

Diese „völkische" Durchmischung entstand hauptsächlich durch die Zuwanderungsströme aus den strukturärmeren Gebieten der Monarchie, die allesamt in der Kaisermetropole endeten.

Wer ist ein echter Wiener?

Laut Volkszählung aus dem Jahre 1910 stammten 25 Prozent der Wiener aus Böhmen und Ungarn; allein im zehnten Wiener Gemeindebezirk waren es 60 Prozent. Der „echte Wiener" heißt mit Nachnamen bis heute „Navratil", „Pospischil" oder „Vranitzky", während etwa die tschechischen Politiker „Klaus" und „Dienstbier" heißen.

Obwohl der Wiener also keiner „Rasse" angehört, pocht er bisweilen energisch auf die Reinhaltung derselben. Die ausländerfeindliche FPÖ (Freiheitliche Partei Österreichs) konnte in einem rassistisch geführten Wahlkampf bei den Wahlen in Wien 1996 immerhin 28% der Stimmen gewinnen; bundesweit bildet sie zusammen mit der Österreichischen Volkspartei die Regierung. Einer der ärgsten Hetzer und Scharfmacher dieser Partei mit dem ursprünglichen Namen Peter Hojac nahm aus Angst vor semantischer Überfremdung den Mädchennamen seiner Mutter an und heißt jetzt Peter Westenthaler. Seither witzelt man in Wien „I haß Hojac, du haßt hojac, warum sagens zu dir Westenthaler ...". Das im Laufe der Evolution gebildete Goldene Wienerherz schlägt demnach auf einem doppelten Boden.

Nicht zu Unrecht schrieb der Journalist Reinhard Tramontana: „Das Wiener Herz muss golden sein, wenn es aus seinen Heimatliedern nicht Wirklichkeitsflucht, Trunksucht und Fremdenverachtung lernt."

Die Typologie der Wiener und restlichen Bewohner der Welt sieht wie folgt aus:

Bazi, der

Ein typischer Wiener. Mit dem Schlachtruf **Oita, bist a a Wiena Bazi!** fallen einander die Einwohner dieser Stadt bei einem zufälligen Treffen im Südural in die Arme.

Behm, der

Jeder, der aus dem Gebiet der Tschechoslowakei (Böhmen und Mähren) eingewandert ist. Im Zeitraum 1870 bis 1900 waren dies in großer Zahl die sogenannten **Ziegelbehm**, die in den Favoritner Ziegelfabriken oder auf dem Bau ihr Dasein fristeten.

Gscherte, der

Nå typisch, a Gscherta!

Die aus den übrigen, meist ländlichen Bundesländern kommenden Wien-Besucher. Hergeleitet ist die Bezeichnung von der mittelalterlichen Rasur der Leibeigenen, die so zu „Geschorenen“ wurden. Fährt ein Autofahrer mit niederösterreichischem Kennzeichen in falscher Richtung in die Einbahnstraße, ist die Reaktion des Wieners klar.

Hawara, der

Es kommt aus dem Hebräischen *chaver* = Freund und bezeichnet einen Busenfreund, mit dem der Wiener durch dick und dünn geht. Wolfgang Teuschl übersetzte die Bibel unter dem Titel *„Der Jesus und seine Hawara“* ins Wienerische.

Krawot, der

Das ist sogar wiedererkennbar einfach ein Wort für „Kroate“.

Piefke, der

Jeder Deutsche, im engeren Sinn Norddeutsche. Der **Piefke** ist ein sorgfältig gepflegtes Feindbild der Wiener, der mit Eigenschaften ausgestattet ist, die kein Wiener besitzt: **Piefkes** sind eingebildet, hektisch und lautstark. Friedrich Torberg über die **Piefkes**:

„Entweder man hebt die Nordsee so lange, bis Linz zum Freihafen wird, oder man übergibt ihnen freiwillig die Weltherrschaft."

Tschusch, der

Abwertende Bezeichnung für die slawischen Bewohner Südosteuropas. In den Siebziger Jahren zeigten Plakate einen kleinen Wiener Jungen, der einen typisch gekleideten „Gastarbeiter" fragt:

„I haß Kolaric, du haßt Kolaric - warum sågens zu dir Tschusch?"

Ungustl, der

Jeder, dem es an Verständnis für den Wiener und seiner jeweiligen Stimmung mangelt.

Der typische, der echte Wiener ist eine reine Erfindung. Am ehesten kommt er noch in der Literatur oder im Theater vor. Deswegen hagelt es jetzt auch schöne Zitate aus allerlei wienerischen Quellen.

Bekannte Figuren sind:

der liebe Augustin

Symbolfigur für die Wiener Art der Problembekämpfung. Der **liebe Augustin** zog um 1680 als Dudelsackpfeifer durch die Wiener Wirtshäuser und überlebte nach ausgiebigem Alkoholkonsum eine Nacht in der Pestgrube.

Er wird in dem Lied „Oh du lieber Augustin, alles ist hin!" besungen.

Baronkårl, der

Legendäre Figur, die auf dem Laaer Berg, dem **Monte Laa**, von Wirtshaus zu Wirtshaus seinen Beschäftigungen nachging: Geige spielen, Geschichten erzählen und Bier trinken. 1954 wurde er von einem Auto überfahren. Die Bewohner sammelten für das Begräbnis der **schönen Leich**, und der **Baronkårl** wurde auf dem Zentralfriedhof mit größtem Pomp zu Grabe getragen.

„Bis Vieradreißig war i Sozialist. Das war aa ka Beruf. Hat ma aa net davon leben können ... Später bin i demonstrieren gangen für die Schwarzen ... für die Heimwehr ..., net? Hab i fünf Schilling kriagt ... Dann bin i umme zum ... zu den Nazi ... da hab i aa fünf Schilling kriagt ..., naja, Österreich war immer unpolitisch ..., i man, mir san ja kane politischen Menschen ..., aber a bissel a Geld is zsammkummen, net?“

(Carl Merz und Helmut Qualtinger)

der Herr Karl

Von Carl Merz und Helmut Qualtinger kreierte Figur des Wieners, der den Anschluß an den jeweiligen Zeitgeist durch Anpassung an die jeweilige Gesinnung locker schafft, siehe links.

Travnicek, der

Ebenfalls eine von Helmut Qualtinger geschaffene Figur. Siehe den Dialog mit einem Freunde auf der rechten Seite.

Andere Figuren sind/waren Wirklichkeit:

Mizzi-Tant, die

Wenn sie zu Besuch kommt, laufen alle weg. Meist ist sie verheiratet mit **Pepi-Onkel.**

Adabei, der

Kolumnist der auflagenstärksten und formatkleinsten Tageszeitung Österreichs. Der **Adabei** ist die Figur, die prinzipiell und überall „auch dabei ist“, sie ist von Vincenz Chiavacci geschaffen.

Calafati, der

Riesige Figur eines Chinesen in der Mitte eines Prater-Ringelspiels. Der Name stammt vom Erfinder des Ringelspiels.

Hans Moser

Österreichischer Volksschauspieler (1880-1964). Und hier die weltberühmte Frage des nuschelnden Kofferträgers an einen **Piefke**:
Wie nehmamasdenn?
Mit dem krawotischn Untergriff?

Rathausmann, der

Ritterfigur, die auf der Spitze des Rathauses sitzt. Er soll Wien von dort aus bewachen und die Wiener vor dem beschützen, was „unter ihm“ beschlossen wird.

„Für das Geld,
was i da ausgib,
haltens mi
am Wörthersee für
an Ausländer ...
und an guatn Wein
gibts net.
Nur so an Sauerrampfer
und an Slibowitz,
an scharfen ...“,
sagt Travnicek wandelnd am am Deck eines Schiffes im Mittelmeer.

„Jetzt steigt die Küste
aus dem Wasser,
Travnicek.“,
antwortet ein Freund

„Na was brauch i des?
Gibts da a Strandcafé?
Na. Und was für Leut? -
Tschuschn.
Wann mi des Reisebüro
net vermittelt hätt!“,
erwidert Travnicek

Matthias Sindelar (sprich: „Schindelar“)

Geboren im böhmischen Kozlau, kam er mit vier Jahren mit seinen Eltern auf den Wiener Laaerberg. Als Mittelstürmer der Wiener Austria war er einer der besten Fußballspieler Europas der Dreißiger Jahre.

Sein Spitzname **Papierener** leitet sich von **papierln** her: jemanden elegant austricksen. Am 23. Jänner 1939 drehte er den Gasofen auf, „wegen de Nazis“, erzählen heute noch die Alten am Laaerberg. „Kohlenmonoxid-Vergiftung“ schrieb die damals schon gleichgeschaltete Presse.

Frau Sopherl, die

Typische, redselige Verkäuferin auf dem **Naschmarkt:**

„Kaufen's, kaufen's! alles billig!",
lockt sie dich zu ihrem Stand,
und sie sagt dir, kaufst du willig,
„Euer Gnaden, küß die Hand!"
Doch gib acht, sie ist geladen!
Fängst du nur zu feilschen an,
degradiert sie „seine Gnaden"
auch sofort zum „Schmutzian".

(Albert Wickenburg)

Waraschitz Poldi

Der „Schnorrerkönig" Wiens der Sechziger Jahre. Wegen seiner Fähigkeit, Prominenten Geld aus der Tasche zu ziehen, wurde ihm von der Bevölkerung der unsichtbare Orden „Held der Nichtarbeit" verliehen.

Und hier noch ein letztes Schmankerl von Kurt Sowinetz über die Wiener:
„Na mir wer'n kan Richter brauchn, weil mir habn a goldens Herz!"

Wånn da Schmäh rennt

Formen der Kommunikation

Wie alle Menschen beginnt der Wiener auch mit der Begrüßung:

Begrüßung

Die verbreitetste Grußformel stellt das aus dem Lateinischen abgeleitete **Servus** dar, wobei zuweilen die Varianten vom nasal-vornehmen **Servuus** (in Schönbrunn) bis zum breiten **Seawas** (in Floridsdorf) reichen. Die Kurzfassung lautet **Ssass.**

Beamte grüßen einander mit **Habedieehre!** (Habe die Ehre!). In Büros und Ämtern sagt man zwischen zehn und fünfzehn Uhr den Gruß **Moizeit!** (Mahlzeit!).

Herr/Frau Dokta ist die standesgemäße Anrede für alle Personen, die schreiben und/oder lesen können. Mit **gnä' Frau** sprechen Verkäufer der besseren Geschäfte sowie Heiratsschwindler ihre Kundinnen an. Also nicht eben schmeichelhaft.

Schmäh

Die Grundlage der Kommunikation ist der **Schmäh.** Das äußert sich darin, dass ein Wiener, der zufälligerweise etwas ernst meint, dies mit einem nachgestellten **Schmäh ohne!** betont. **Schmäh** ist weit mehr als nur ein Scherz, Ulk, Spaß etc. **Schmäh** schließt Doppelb(l)ödigkeit, Charme, Falschheit, Sarkasmus, Zweifel und anderes mehr ein.

Vermutlich ist der **Schmäh** vor allem Ausdruck jener Realitätsflucht, auf der sich der Wiener ständig befindet.

Schmäh wird nicht eingesetzt, vorgetragen oder ähnliches, sondern „geführt", und zwar von einem **Schmähführer.** Treffen mehrere Exemplare dieser Gattung aufeinander, dann **rennt der Schmäh. Schmähstad** ist jemand, dem der **Schmäh** abhanden gekommen ist. Oft wird er deshalb **åm Schmäh ghoitn** (am Schmäh gehalten). Die höchste Steigerung von **Schmäh** ist der **Überschmäh.** Also nicht verwechseln mit dem Hochdeutschen Tätigkeitswort „verschmähen"!

Als Lesetipp empfehlen wir: „Der Witz und seine Beziehung zum Unbewussten" von Sigmund Freud .

bekräftigen

Net bedeutet „nicht". Ans Satzende gehängt entspricht es dem englischen *isn't it:*
Då håb i eams einegsågt, net!
Da habe ich ihm aber wirklich meine Meinung gesagt!

Eine ähnliche Funktion erfüllt ein nachgestelltes **vaschtest?,** das allerdings auch zur Bekräftigung einer Drohung eingesetzt wird:

Schleich di, vaschtest?
Zieh Leine, klar?

streiten

Einen besonderen Stellenwert hat die Streitkultur. Meist beginnt es damit, dass einer **goschat** (vorlaut) ist und dem anderen vorwirft, ihn mit **Schmonzes** (Mist, Unsinn) **ånzustrudln** (vollzuquatschen). Der andere antwortet mit einem herzhaften:

Sagen Sie einfach so richtig Ihre Meinung!

Hoit de Goschn/
de Pappn/
den Schlapfn,
wäu sunst spüns Granada!

Alle Varianten kann man übersetzen mit: *Halt den Mund, sonst setzt es was!*.

In der Folge bedienen sich beide eines reichen Wortschatzes, der wegen seines Umfangs hier nur teilweise wiedergegeben werden kann. Dabei entstehen mitunter gelungene

Wortschöpfungen wie: **Du Oarschloch der laufenden Ereignisse!** (Joe Berger), die in den allgemeinen Sprachgebrauch eingingen.

Und hier eine Übersicht über die liebenswerten und wüsten Beschimpfungen:

Årmutschkal, das	armer, unfähiger Mensch
Pleampl, der	einfältiger Mensch
Fetznschädl, der	Strohkopf
Koffa, der	Der Koffer hat die Intelligenz eines solchen; also ist er ein Volltrottel.
Simandl, das	unscheinbarer, schwächlicher Typ
Krewegal, das	Schwächling
Dolm, der	Idiot
åntritschkert	blöde
Tilo, der	Dummkopf, Depp
Wappla, der	Dummkopf
Waugl, der	liebenswerter Depp
Weh, das	unfähiger Typ
Ungustl, der ?	unsympathischer Typ
Oarschgsicht, das	Verkürzung der bösartig-staunenden Feststellung:
Streithansl, der	streitsüchtiger Mensch
Zechn, die	hässliches Mädchen
Bißgurn, die	keifende Frau
Schastromml, die	alte dicke Frau, die sich furzend durch die Gegend wälzt
oita Tattara, der	Zittergreis
zuwefången	jmd. zum Verprügeln an sich ziehen

Tilo *oder auch* Dilo *kommt aus dem Romanes*

„I håb glaubt, den Oarsch trågt ma in da Hosn!“

kusch *ist abgeleitet aus dem Französischen „coucher“ (schlafen). Hat jedoch außer dem Wortstamm nichts mit dem bekannten „Voulez-vous coucher avec moi?“ = Wollen Sie mit mir schlafen? zu tun.*

Hau di üba d'Häusa!
Verschwinde gefälligst!
Bist hin in da Marün?
Bei dir sind wohl ein paar Schrauben locker, was?
Kusch!
Halt's Maul! Ein Wort dessen Herkunft bei den Franzosen zu suchen ist, s. links.
Måch Meta!
Mach Meter! Zieh Leine! (Halte im Interesse deiner Gesundheit eine gewisse Distanz zu mir!)
Spü di net mit mia!
Hinweis, dass die angesprochene Person **åm Watschnbam rüttlt**, d.h. eine körperliche Bestrafung geradezu herausfordert.

Eine besondere Kreativität wird bei Verspottungen und Drohungen entwickelt. Wer die hohe Kunst des Drohens und Schimpfens erlernen möchte, muss sich zu Studienzwecken auf den Heumarkt begeben, wo in den Sommermonaten das Preisringen stattfindet. Als Probierhäppchen seien folgende Beispiele genannt:

I reiß da den Schädl åb und schmeiß dir'n ins Gesicht! I reiß da de Brust auf, scheiß da eine und vakauf di ois Riesnpraline!

Ein anderes Beispiel der hochentwickelten Wiener Sprachlogik ist:

Reiß eam de Eier åb, is' eh net dei Våta.
Reiß ihm die Eier ab, er ist eh nicht dein Vater.

Prater und Reichsbrücke

Merk- und Sehenswürdigkeiten

Hermann Broch schrieb um die Jahrhundertwende:
„Wenn irgendwo, so war in Wien Dekorativität legitim. Nur dass es beiläufig jene Legitimaton war, die der Etablierung und Instandhaltung eines Museums zukommt. In Erfüllung seiner Traditionspflicht wurde Wien zum Museum seiner selbst"

Zahlreichen Bereichen wurden gesonderte Museen gewidmet. So gibt es das Bestattungsmuseum, das Uhren-, das Tramway-, das Tabak-, das Zirkus- und Clownmuseum, sowie das Elektropathologische Museum. Über den musealen Charakter hinaus beanspruchen ein gewisses Maß an Merkwürdigkeit:

AKH, Allgemeines Krankenhaus, das

In den 60er Jahren als modernstes und größtes Krankenhaus der Welt angekündigt. Entwickelt hat sich das nach 25 Jahren Bauzeit noch immer nicht vollendete AKH zu einem der größten Korruptionsfälle der Welt. Verurteilt wurden im Zusammenhang mit Schmiergeld-Zahlungen Konzernleiter und führende Beamte.

Bermudadreieck, das

Dort verschwinden weder Schiffe noch Flugzeuge, sondern Touristen. Ursprünglich in Form eines Dreiecks in der Innenstadt, heute eine Unzahl von Lokalen auf engstem Raum. Die beiden Polizisten überwachen nicht das Verhalten der Angeheiterten, sondern die an der Kante des Dreiecks liegende Synagoge.

Heumarkt, der

Bei den dort stattfindenden Schaukämpfen im Freistil-Ringen hat der Wiener seine **Hetz** (Spaß).

Heurige, der

Wer bekommt hier keinen Durst?

Wein des Vorjahres sowie Stätte, wo selbiger ausgeschenkt wird. Wird von Wienern nicht immer geschätzt, da sie ungern **Piefkes** und Japanern beim Schunkeln zuschauen.

Hundertwasserhaus, das

Wohnhaus nach dem Konzept des Wiener Malers Friedensreich Hundertwasser. Architekturkritiker haben über zwanzig verschiedene Baustile zusammengezählt, die Meister Hundertwasser dabei „zitiert" hat.

Leider kann der Katalane Antoní Gaudí nicht mehr auf Urheberschutz klagen.

Jonas-Reindl, das

Unterführung und Verkehrsknotenpunkt nahe der Uni. Wird im Volksmund nach dem ehemaligen Wiener Bürgermeister Franz Jonas betitelt, der von 1951 - 1965 amtierte. Die offizielle und daher von niemandem verwendete Bezeichnung lautet „Schottentor“ nach einem 1857 abgerissenen Teil der Stadtmauer.

Kaiser, der

Sollten Sie einen Kaiser in seiner organischen Totalität mustern wollen, brauchen Sie ein bißchen Kondition: Befindet sich doch sein Herz in einem Silberbecher in der Augustinerkirche, die Eingeweide sind in den Katakomben des Stephansdomes, und der Rest ruht in der weltberühmten Kapuzinergruft.

Rinter-Mistzelt, das

Wurde errichtet mit dem Anspruch auf 95% Wiederverwertbarkeit der anfallenden Müllmengen, aus denen Faserplatten hätten gemacht werden sollen ...

Obwohl allen Beteiligten von Anfang an klar war, dass die Anlage nie funktionieren kann, wurde sie feierlich vom Bürgermeister eröffnet: Mit extra für die Eröffnung hergestellten und mit Schläuchen abgespritzten

Faserplatten, die für das Fernsehen aufs Förderband gelegt wurden. Unter dem Decknamen **ABA** (Aufbereitungsanlage) wird der Müll nunmehr per Hand vorsortiert.

Pråta, der

Vergnügungsviertel mit Achterbahnen und Riesenrad. Siehe Illustration auf Seite 8!

Reichsbrücke, die

Machte Wien weltbekannt, als sie im Jahre 1976 am 1. August einstürzte. Der zuständige Stadtrat weilte gerade in den Schweizer Alpen und war mehrere Tage unauffindbar. Der Bürgermeister murmelte, er sei einigermaßen überrascht, er hätte viel eher mit dem Einsturz der Floridsdorfer Brücke gerechnet. Diese wurde übrigens sofort gesperrt und in der Folge abgerissen. Ein Autobuslenker, der das Unglück überlebte, durfte die neue Reichsbrücke mit seinem (neuen) Autobus eröffnen.

Votivkirche, die

Wurde errichtet, nachdem 1853 der Messerattentäter János Libényi den damals eher unbeliebten Kaiser nicht voll getroffen hatte. Der ungarische Schneidergeselle wurde auf der Simmeringer Heide am Galgen hingerichtet, der Fleischhacker Josef Ettenreich, der ihn im Würgegriff haltend der Polizei übergeben hatte, wurde in den Adelsstand erhoben.

Im Hinblick auf die für die Errichtung der Kirche zu leistenden Abgaben dichtete der Volksmund:

Auf da Simmeringer Had
håts an Schneida vawaht.
Und es gschicht eam scho recht
Weil wås sticht er so schlecht.

Um diese Stätten umweltschonend zu besuchen, benötigt der Wiener die **Bim** (Straßenbahn) oder die **U** (U-Bahn). Die einzelnen Züge der **Bim** sind stets männlich: **„der" Fünfer** und **„der" J**, sprich „jeeh", nie „jott"!

Seit 1978 gibt es in Wien U-Bahnen, deren Trassen wurden teilweise vorher schon von Stadtbahn oder Straßenbahn benutzt, so dass manchmal die Bezeichnung **U** neu war. Trotz des Namens U6 fährt diese **hoch ober der Erd**. Um dies zu verschleiern, wurde die parallel geführte Straßenbahn im Zuge der Neueröffnung eingestellt. Der Massenansturm an Fahrgästen kann von den neuen **U**'s kaum bewältigt werden. Über die Lautsprecher an den Haltestellen ertönen daher Durchhalteparolen: **„Die Garnituren der U6 verkehren in unregelmäßigen Abständen. Wir bitten um ein wenig Geduld!"** - Wappnen Sie sich mit dieser!

Bim / Tram, die	Straßenbahn
Blaue, die	der jeweils letzte Zug auf einer Strecke
Remise, die	Straßenbahngarage
Schwårzkappla, der	Kontrollorgan, Feind der Schwarzfahrer
Station, die	Haltestelle
zwickn	einen Fahrschein lösen; **„Håst scho zwickt?"**

Auszug aus den Wiener Beförderungsbedingungen

„Besitzen Sie bereits eine gültige Streckenkarte für 4 oder Zonenfahrten oder einen Fahrschein, so entwerten Sie bitte im Entwerter oder beim Schaffner nachfolgender Regel: Zonenzahl = Streifenzahl oder Anzahl der Fahrscheine!"

Wer lieber individuell unterwegs ist, sollte sich folgende Vokabeln merken:

åschiassn	Verwendung des eigenen Fahrzeugs in Kamikaze-Manier
Busara, der	Zusammenstoß
einschleifn	plötzlich bremsen
glian	glühen; so schnell fahren, dass der Motor glüht
Kübl, der	Auto
Kraxn, die	altes Auto
Tschesn, die	altes, billiges Auto

A Hawara woat auf sei Madl,
des Madl woat aufn Bus
da Bus woat auf bessere Zeitn,
und i woat aufs End von mein Blues.

(Gerald Jatzek, „Jugendwerk“)

Her mit da Marie!

Geld und wie man dazu kommt

Die Regel, nach welcher man über Geld nicht spricht, ist in Wien nur teilweise gültig. Man spricht sogar sehr viel darüber, nur verschlüsselt, zum Beispiel in Form eines Frauennamens: **Marie**.

Meistens behauptet der Wiener, **ka Marie** (kein Geld) zu haben. Häufig spricht man auch vom **Knödl** (Knödel) oder vom **Gerschtl** (Gerste), das als Arbeitslohn **außaschaun** (den angemessenen Betrag einbringen) sollte.

Auch einzelne Geldwerte werden umschrieben:

Schlei, der	Schilling
Kilo, der	hundert Schilling, am liebsten in Form eines Scheins
Fetzn, der	Tausend-Schilling-Schein
Flockn, die	Tausend-Schilling-Schein

Entgegen dem deutschen Sprachgebrauch ist eine **Mille** kein Tausender, sondern eine Million. Geht es im Gespräch um größere Tausendermengen, wird nur die Zahl der Scheine angegeben:

Wüvü håstn peckt?	*Wieviel hast du bezahlt?*
An Zehner.	*Zehntausend Schilling.*

Verschiedene Varianten, im Wienerischen an Geld zu kommen:

åhebn	auf legalem Weg Geld entgegen nehmen oder ausbezahlt bekommen
åghobn	wird am Bankschalter und bezieht sich auch auf den monatlichen Arbeitslohn: **Wüvü hebst å im Monat?**
Reibach / Rebbach, der	Gewinn. Also bedeutet **An Reibach māchn**, Reingewinn erzielen.
fechtn	betteln
reibn	borgen; wird auch in fordernder Bittform verwendet: **Geh, reib ma an Kilo.**
zsåmmschnorrn	kleinere Geldmengen erbetteln, meist eingeleitet durch die Frage: **Håst a poa Schülling?**

Wer **gstopft** ist, ist „wohlhabend". Also ist **a Gstopfter / a Gstopfte** eine Person, deren Brieftasche bzw. Konto prallvoll ist. Während jemand, der **neger** oder **stier** ist, weder als „Neger" noch als „Stier" bezeichnet wird, sondern einfach nur pleite ist.

Die Redensart **„Des stiert mi."** bedeutet hingegen „Das stört mich." Oft **stiert** (starrt) man dabei vor sich hin. Ursache dafür kann der Zustand der **Stierität** (des Pleitesein) sein.

Sein Geld kann man auf verschiedene Art und Weise loswerden:

ausstrahn	Geld durch Unaufmerksamkeit verlieren
brennen	zahlen. **Då brennst ordntlich.** *Da kannst du ordentlich blechen.*
brandeln	wie **brennen**

Kurz vor der Pleite?

Letzter Rettungsanker, um sich aus der finanziellen Misere zu retten - **derfangen** - , ist das **Pfandl** (Pfandleihe), auch **Dorotheum** genannt. Vom Schmuck bis zum CD-Player wird dort das bewegliche Gut **versetzt** (belehnt).

Glückliche Umstände führen aber auch immer zu Leuten, die gewillt sind, Geld auszugeben, also die **Spendierhosn åhabn**.

Gibt man jedoch selbst das Geld aus, gilt es aufzupassen, dass man nicht **betackelt** (betrogen) wird. Umgekehrt ist es in allen geschäftlichen Angelegenheiten ratsam, jede **Mezie** (günstige Gelegenheit) wahrzunehmen.

„Armut is ohne Zweifel
das Schrecklichste.
Mir dürft einer zehn Millionen
herlegen und sagen,
ich soll arm sein dafür,
ich nehmet s' nicht.“
(Nestroy, „Der Zerissene“)

Arbeit macht das Leben sauer

Existenz und Berechtigung

Dass Arbeit das Leben süß macht, bezweifelt der Wiener mehr als alle anderen. *„Die Arbeit hoch"* heißt ein berühmtes Lied der österreichischen Sozialdemokratie. Wann immer es gesungen wurde, fanden sich in der Menge welche, die brummten:

„Die Arbeit hoch"

„So hoch, doß ma's net daglengt."
So hoch, dass man sie nicht erreicht.

Wem eine **Håckn** (Arbeit) **gschåfft** (befohlen) wird, die **eam net taugt** (ihn nicht freut), der stellt sich so **påtschat** (ungeschickt) an, dass man ihm resigniert eine Aufgabe zuweist, bei der er sich **kan Haxn ausreißt** (nicht überanstrengt).

In den letzten Jahren hat sich im Bereich des mittleren Managements zwar eine Klasse von **Heazkaschpal-Kandidaten** (Herzinfarkt-Kand.) herausgebildet, die ihren deutschen Kollegen auf dem Weg in das Grab - **de Gruabn** - folgen, doch läßt der Wiener zumeist lieber **viare gråd sei**, d.h. er strebt nicht nach Perfektion. Denn er hat die Warnung des Wiener Volksbarden Ostbahnkurti im Ohr:

„Wäu des Lebn is Oabeit, und de bringt di um!"

Und so ist das mit der Arbeit:

Wer sandln *nicht gewerbsmäßig ausübt, wird als* Sandler *bezeichnet. Profis auf diesem Gebiet gliedern sich in Rathausbeamte, höhere Töchter und Söhne sowie Sturmspitzen des Nationalteams.*

fechtn	betteln
håcknstad	arbeitslos
åwezahn	jede Anstrengung tunlichst vermeiden
sandln	sich untätig herumtreiben.
Bude, die	Arbeitsstätte
Hackla, der	Arbeiter
hackln	arbeiten
laschian	sich vor der Arbeit drücken
tachinian	sich von der Arbeit drücken; wer dies erfolgreich schafft, ist ein **Tachiniara**
Halodri, der	Tagedieb
Dodlhåckn, die	einfache Arbeit
eineknlan	sich hineinsteigern (in die Arbeit)
's Weakl rennt	die Arbeit geht voran
Bandl, das	Fließband; Verkleinerungsform von Band
åzahn	schnell oder intensiv arbeiten
baraban	schwer arbeiten
ruachln	körperlich schwer arbeiten
Untaläufl, der	Untergebener
si zeaspragln	Besonders fleißig sein; mehrere Tätigkeiten gleichzeitig ausüben. Wer nichts zusammenbringt, von dem heißt es, er sei **mit an Oarsch auf siebn Kirtåg**
Oite, der	Chef, zum Unterschied von **de Oite** (Ehefrau)

Stift, der	Lehrling, Azubi
Beåmtnforön, die	Beamtenforelle in Form einer Knackwurst
Ultimo, der	Letzter Tag im Monat, an dem kein Geld mehr übrig ist. Taktiken, wie man durch **schnorrn** (anpumpen) trotzdem zu Geld kommt, sind altbekannt. Die Abwehrmaßnahmen auch.

Johann Nestroy erhielt durch einen Boten einen Zettel übersandt, auf dem stand:
„Lieber Nestroy, leih mir fünf Gulden. Das heißt, eigentlich brauch' ich zehn ..."

Nestroy kritzelte auf die Rückseite:
„Anbei die fünf Gulden. Das heißt, eigentlich brauch' ich sie selber ..."

Zur Existenz berechtigen folgende Berufe:

Autwachla, der	Linienrichter
Bådewaschl, der	Badewärter
Briafträga, der	Briefträger, Postbote
Gigara, der	Pferdemetzger
Häuslfrau, die	Klofrau
Installatöa, der	Installateur, Klempner
Måchatschek, der	Hansdampf

Und dann gibt es noch:

Mistküblstiara, der — Armer Mensch, der seinen Lebensunterhalt mit dem bestreitet, was er beim **stiarln** (wühlen) in Mülleimern findet.

Kanäuramabrigade, der — Trupp von Kanalisations-Arbeitern

Beletage und Souterrain

Alltag in Wien

In Wien gibt es noch zahlreiche Wohnformen, die sich aus der Monarchie nahezu unverändert bis heute erhalten haben. Sie dienen Ausländern, Alten, teilweise auch Künstlern und Studenten als „Wohn-Haft".

Diese Zimmer-Küche-Wohnungen haben das Klosett auf dem **Gang** (Flur), manche haben dort auch den Wasseranschluß. Man bezeichnet das Wasserbecken auf dem Gang als **Bassena**. Dementsprechend spricht man von der **Bassenawohnung**, auch **Bassenahaus** genannt.

Das Gegenstück dazu sind die gründerzeitlichen Herrschaftswohnungen , die z.B. an der Ringstraße errichtet wurden: ebenerdig der **Portier** (Hausmeister) und das **Comptoir** (Dienstbotenzimmer), im ersten Stock dann das **Vestibül** und die **Beletage.**

Die Sprache des Adels hat sich schließlich auch in den Außenbezirken durchgesetzt, so dass Sie im **Bassenahaus** bis ins **Souterrain** (Kellergeschoß) absteigen können. Sollten Sie jedoch im **Stiegenhaus** hinaufsteigen, vergessen Sie Ihre Mathematik-Kenntnisse: Im zweiten Stock sagt Ihnen eine Tafel, dass Sie sich im ersten Stock befinden, im dritten Stock sind Sie erst im zweiten und so weiter.

Beletage und Souterrain

Des Rätsels Lösung: Um 1870 erlaubte die Bauordnung bloß den Bau von vierstöckigen Häusern. Um diese Bestimmung auf korrekte Weise zu umgehen, haben viele Hauseigentümer **Souterrains** und **Mezzanins** eingeschoben.

Consierge, die	Hausmeisterwohnung
Parterre, das	Erdgeschoss. Wenn man **parterre** ist, kriecht man am Zahnfleisch daher, d.h. man ist „am Boden".
Plafond, der	Zimmerdecke
Oberliachtn, die	Fenster-Oberlicht über zweiflügeligen Fenstern
Vestibül, das	allgemein: Eingangshalle; Treppenhalle im Ringstraßenpalais
Mezzanin, das	niedriges Zwischengeschoß oberhalb des Erdgeschosses
Beletage, die	repräsentativer Gästeraum im ersten Stock
Häusl, das	Klosett
Bassena, die	Wasserbecken auf dem Flur, abgeleitet vom italienischen *bacino* sowie vom französischen *bassin*
Koloniakübel, der	Abfalleimer; wurde in den 20er Jahren nach dem „*System Colonia*", einem Kölner Patent, konstruiert.

Die Miete wird in Wien als **Zins** bezeichnet. Diesen mussten früher die **Parteien** am Ersten des jeweiligen Monats dem Hausherrn oder seinem Vertreter persönlich überreichen. Der Vertreter war früher der Hausmeister, der mit eiserner Hand über Haus und Hof wachte und bei jedem sich bietenden Anlaß einen **Bahöö** (lautstarker Aufruhr) machte. Heute hingegen wird der Beruf des Hausmeisters meist von Ausländern ausgeübt, welche die einfachen Putz- und Pflegedienste verrichten.

Miete zahlen und illegale Forderungen

Bei Neuvermietungen ist eine **Ablöse** (meist illegale Abstandszahlung) zu bezahlen. Diese typisch wienerische Form der Aufwandsentschädigungs-Rückvergütung ist einem Ortsunkundigen nur schwer zu erklären. Sie ergibt sich durch drei scheinbar widersprüchliche Faktoren:

1) Ohne Ablöse keine Wohnung.
2) Die Ablöse ist absolut ungesetzlich.
3) Jeder weiß es, und keiner tut was dagegen.

Sollte der Gesetzgeber sich doch zu einem halbherzigen Versuch aufraffen, das Ablöse-Unwesen in den Griff zu bekommen, bewirkt das nur eines: das Ansteigen der Ablösepreise.

Sollte jemand noch Geld übrig haben, kann er sich allerhand als Inventar anschaffen, aber es gibt auch viele Einzelheiten in Wiener Häusern, mir denen man vertraut sein sollte. Werfen Sie mal einen Blick auf die nächste Seite.

Fauteuil, der	Lehnsessel (sprich „fotöö“, von frz. *fauteuil*)
Sessel, der	Stuhl
Kåsten, der	Schrank
Kredenz, die	Küchenschrank
Heferl, das	jede Form von Becher etc.
Reindl, das	jegliche Form von Schüssel
Lavua, das	Waschschüssel (frz. *lavoir*)
Psych, die	Spiegel mit Ablagefläche, in Schlafzimmern
Tuchat, die	Tuchent, Bettdecke

Klumpat, das	Krimskrams, alles, was anscheinend wertlos irgendwo herumliegt
Tschik, der	Zigarettenkippe; gehört in den Aschenbecher. Liegt sie im **Stiegenhaus,** hat der Hausmeister eine **Rüge** vedient.
Zinskasern, die	sogenannter Altbau, meist um 1870 errichtet
Partei, die	(Mit-)Hausbewohner

De Mamsch und de Hawara

Familie, Bekannte, Szene

Im Kreise der Familie frönen die Wiener ihrer Vorliebe zu Verkleinerungen. Junge Familien bestehen aus dem **Mandi** und dem **Weibi**, die einander mit süßen Koseworten wie **Pipihendi, Schatzibutzi** und **Schnurliwurm** bezeichnen. Später nennen sie einander nur noch **Oita** (Ehemann) und **Oite** (Ehefrau).

Mamsch, die	Mama
Våta, der	Papa
Putzl, das	Baby
Herzibinkerl, das	Kosename für ein Baby
Pamperletsch, der	kleines Kind
Aa / Lulu, das	Ausscheidungsprodukte („groß/klein“) in der Kindersprache
Fråtzn, die	Rotznasen, ungezogene Kinder
Zornbinkl, das	jähzorniges Kind
Rotzbua, der	Lausbub
Rotzmensch, das	Göre (nur für Mädchen)
Blåsn, die	Die „Blase“ ist eine Gemeinschaft von Gleichgesinnten, die zumeist in **Beisln** (Kneipen) Schutz vor der rauen Welt suchen.

Dann gibt es **den Bettschwåga**. Da wird die Verwandtschaft des Bettschwagers (Liebhaber) mit einer Dame in Frage gestellt bzw. wird sie nur durch den gemeinsamen **Polster** (Kopfkissen) hergestellt.

Oder es wird über die Kinder geschimpft, die **ån da Kittlfåltn hängen**, also ewig am Rockzipfel hängen, besonders anhänglich sind.

Die Urstrumpftant bezeichnet alte, entfernte Verwandte, an deren Vorhandensein ernste Zweifel bestehen. Daraus hat sich dann eine Redensart eingebürgert:

Des kånnst da Urstrumpftant erzähln!
Das nehme ich dir nicht ab!

Zur Erheiterung ein Kinderreim über Polizisten:

Auch wenn der Gedanke an das französische Wort *bagage* = Gepäck richtig ist, so bezeichnen die Wiener jedoch mit **die Bagasch** alle sozial tiefer Gestellten.

Mischpoche, die kommt aus dem Jiddischen und ist im Wienerischen eine geringschätzige oder spaßhafte Bezeichnung der Verwandtschaft.

Noch ein paar Häppchen:

Hapschi, der	Freund/Liebhaber
Gschråppn / Gschteamln, die	Kinder
Habara / Hawara, der	Freund
Spezl / Spezi, der	Busenfreund
Godl, die	Patentante (bei Konfirmation)
Göd, der	Patenonkel (bei Konfirmation)

Szene

Auch in Wien existiert eine sogenannte „Szene", deren Mitglieder sich vorwiegend damit beschäftigen, was sie täten, wenn sie könnten, wie sie möchten, falls sie wollten.

An die Stelle des **Servus** tritt hier bei der Begrüßung oft **Wie hammas?**, was freilich niemanden interessiert. Auf die Frage: **Wås rennt?** wird prinzipiell mit **nix** oder einem **Schmäh** geantwortet.

Man ist entweder euphorisch oder gelangweilt, was in beiden Fällen mit der einfachen Vorsilbe **ur-** ausgedrückt wird, z.B.: **urleiwand** (spitzenmäßig), **urgeil, urlässig, urfad.**

Weitere positive Steigerungen werden mit **wöd** (von *welt-*) vorgenommen: **a wöd Füm** (ein klasse Film), **a wöd Hås** (ein steiler Zahn = ein tolles Mädchen). Die absoluten Steigerungsform stellt natürlich die Vorsilbe **urwöd-** dar.

Eigenschaftswörter werden mit angehängtem **-mäßig** gebildet. Wer also anbandeln will, der **ist aufrißmäßig unterwegs**, wer allerdings **heazmäßig schlecht beinånd ist**, sollte derlei eher bleiben lassen. Das Einstreuen englischer Ausdrücke entspricht dem internationalen Trend.

Die **Gschichterln** werden nicht erzählt, sondern **druckt** bzw. **wem einedruckt** (einem (hineingedrückt). Es herrscht also das Recht des **Maulstärkeren.**

„I check jå gråd so fernsehmäßig, vaschtest, a Urkårl såg i euch, åber mariemäßig a Niederlåge, wånst net bei da In-Partie bist". *(O-Ton Szenelokal)*

Sperrstund is!

Essen und Trinken

Eines der ersten Wörter, die ein Wiener Kleinkind beherrscht, lautet **Papperl** (Essen). Der erwachsene Wiener schätzt dieses **Papperl** umso mehr, je kalorienreicher es ist.

Besonders bevorzugt werden deshalb sämtliche **panierte** Speisen. Die **Panier** besteht aus der Ummantelung von Fleisch, Käse oder Gemüse mit Ei, Mehl und Weißbrotkrümel, aber das kennt man ja auch aus anderen Regionen. Vom beliebten **Båckhendl** (paniertes Huhn, in Öl schwimmend gebacken) abgeleitet ist die Bezeichnung für den dicken Bauch des Wieners: der **Båckhendlfriedhof**. Die Träger eines solchen gelten als **blad** oder **gfüllt** (dick). Ihre Lieblingsbeschäftigung, nämlich essen, bezeichnet man mit **haban, eischneidn,** oder **zwickn**.

Ißt der Wiener nicht zu Hause, so geht er in das **Beisl** (Kneipe). Kehrt er öfters in ein und demselben **Beisl** ein, handelt es sich bestimmt um sein **Stammbeisl** (Stammkneipe). Der **Mågnfoaplan** (Magenfahrplan = Speisekarte) gibt Auskunft darüber, an welchen „Stationen“ Halt gemacht werden kann.

Damit Sie wissen, was Sie alles zu beißen bekommen können, gibt’s auf den nächsten Seiten schöne Schlemmerlisten.

Essen

das Gebäck	Sammelbezeichnung für alle kleinen Brotsorten, wie z.B. die **Semmel** (Brötchen) oder das **Soizschtangerl** (Salzstangerl)
a Gmischta	Kurzform für „gemischter Salat“
der Kaiserschmarrn	Pfannkuchenähnliche Süßspeise, serviert mit **Zwetschkenrösta** (Pflaumenkompott)
die Topfenpalatschinke	oft nur in Form des Kürzels **Topfnpala** aus gesprochen; nur ungenügend zu übersetzen mit Quark-Crêpes. Wer keine **Zibeben** (Rosinen) mag, sollte dies dem Kellner rechtzeitig sagen
der Millirahmstrudel	Milchrahmstrudel, beliebte Süßspeise mit dickflüssiger Vanillesauce
die Palatschinke	eine romanisch-slawisch-ungarische Wortschöpfung; hat nichts zu tun mit Schinken, eher mit Crêpes oder Pfannkuchen
das Powidldatschkerl	Kartoffelteig mit einer Füllung aus Pflaumenkonfitüre
der Grammelknödel	Kartoffelknödel mit Griebenfüllung. Wenn es aber zwischen den Zähnen **grammelt** (kracht), ist dies ein ernstzunehmender Hinweis darauf, zum Zahnarzt zu gehen.
das Faschiertes	gebratenes Hackfleisch
das Beuschl	Innereien (Lunge und Herz), serviert mit Semmelknödeln
der Beuschlreißa	betrifft nicht die Innereien auf dem Teller, sondern die Lunge des Wieners selbst; starke Zigarette.
die Schtözn	Schweins-Stelze, Eisbein

Gerne bestellt der Wiener **a Wiener,** woraufhin er ein Schnitzel erhält. Speziell deutschen Gästen sei gesagt, dass **a Wiener** keineswegs ein halbes Paar Würstchen ist, vielmehr heißt jene Wurst in Wien **Frankfurter.** Wer tatsächlich nur ein einziges Stück **Frankfurter** verzehren will, wählt einen **Einspänner.** Doch auch hier lauert eine Verwechslungsgefahr.

Konsumiert werden Würste vorzugsweise am **Wiaschtlschtaund** (Würstchenstand):

a Jausn	kleine Mahlzeit zwischendurch oder auch das Abendbrot
das Burnhäutl	Wird kurz **Häutl** genannt, ist eine rätselhafte, undefinierbare Wurst; erfreut sich jedoch höchster Beliebtheit und wird gerne mit dem Schüttelreim **Hurnbeutl** bestellt.
die Käsekrainer	Wurst mit Käsefüllung, ist besonders gebraten zu empfehlen.
der Leberkas	Hat weder etwas mit Leber noch mit Käse zu tun, sondern mit Fleischresten, die zu einer undefinierbaren, gestaltlosen Masse verarbeitet werden.
der Kren	Meerrettich
Siaß oda schoaf?	Süß oder scharf? - Die obligatorische Frage des **Würstlstandlers** bezieht sich auf die Art des Mostrichs.

Trinken

Einen noch höheren Stellenwert als das Essen genießt das Trinken. Oft gelten üppige Mahlzeiten bloß als **Unterlåg** (Fundament) für noch üppigeres Trinken. Da sich der Wiener aber nicht gerne als Alkoholiker bezeichnen läßt, wendet er verschiedene Methoden der Rechtfertigung an.

Bei Biertrinkern ist an heißen Sommertagen die „meteorologische Methode" besonders beliebt. **Zwaradreißg Krügl im Schåttn** heißt soviel wie „32 Grad Celsius". Hitze wird also in **Krügln** (ein **Krügl**, ein halber Liter Bier) gemessen. Das **Seidl** (ein Drittel Liter Bier) wird als meteorologisches Maß hingegen nicht verwendet.

Das Hauptgetränk des Wieners ist jedoch der Wein, vor allem der **Veltliner** (Weißweinsorte). Um diesen zu trinken, pilgert er gerne zum **Heurigen**. Das Ergebnis sind **Räusche** in verschiedenen Ausprägungen.

Eine besonders geringe Flüssigkeitsmenge:	a Lackerl
Kleinste ausgeschenkte Menge von Alkohol in Lokalen des Stadtgebietes:	das Achterl
Ein allerletztes **Achterl** Wein, um sich für den Heimweg zu wappnen:	das Reiseachterl
ein im Stehen an der Bar oder am Tresen getrunkenes **Achterl**:	das Stehachterl
Mit Sodawasser verdünnter Wein: Der **Gschpritzte** wird in einem Viertel-Glas serviert und ist äußerst beliebt, weil man ihn zügig trinken kann, ohne gleich umzufallen. Beim **Heurigen** ist es üblich, eine Flasche **Soda** oder **Mineral** zu ordern und selbst zu spritzen; **guat gschpritzt** bedeutet einen möglichst kleinen Wasseranteil.	der Gschpritzta
Flasche Bier:	die Hülsn
ein Viertel Liter Wein, die Grundeinheit beim **Heurigen**:	das Viertel

der Lita	Begibt man sich in Gesellschaft zum **Heurigen**, wird Wein in Karaffen (mit ein Liter Füllmenge) bestellt.
der Doppla	Zwei-Liter-Flasche
der Sturm	In Gärung befindlicher Traubensaft, richtet je nach Gärungsgrad verheerende Wirkungen in Hirn und Darm an.
das Gschlåder	Ein schlechtes Getränk, von mittelhochdeutschen *sloda* abgeleitet, eine Mischung aus Wasser und Lehm, aus der Gott laut Bibel Adam formte.
ångstrudelt	ein kleines Räuschlein haben, beschwipst oder berauscht sein
das Schwipserl	erste milde Wirkung, kein Rausch
der Schweigl	mittlerer Rausch mit besonderer Redefreudigkeit
der Schwül	von der Rausch-Intensität her vergleichbar mit dem **Schweigl,** bezeichnet jedoch die eher wortkarge Variante
der Hådern	schwerer Rausch
fett, im Öl	Wenn man **fett** oder **im Öl** ist, hat man einen hohen Trunkenheitsgrad erreicht.
voifett	Steigerung von **fett;** die höchstmöglichste Trunkenheitsstufe wird mit **blunznfett** (blutwurstmäßig betrunken) bezeichnet.
zua sein	Verschlossenheit, Unempfänglichkeit für Kommunikationsversuche aufgrund des Alkoholgenusses
bipperln	trinken (von lat. *bibere*)
dippln	stetig nippen
åweschwabn	Alkohol ruckartig hinunterkippen

Besonders zügig trinken:	schledern
Ein ständig Betrunkener; sollte dieser für Nachwuchs sorgen, so entsteht dann ein **Rauschkind**:	die Rauschkugl
Gewohnheitstrinker	der Weindippla
Lokalverbot erhalten	den Håhn kriagn

Die **Sperrstund** ist das schlimmste, das einem Zecher passieren kann. Individuelle Sperrstunden-Regelungen ermöglichen doch erst, Nächte **durchzumåchn.** Die **Sperrstund** wird auch im übertragenen Sinn für den Abgang aus dieser Welt verwendet, wobei es Gerüchten zufolge **im Himml ka Sperrstund gibt**.

Nach durchzechter Nacht wenden sich viele **Übernachtige** wiederum dem Biere zu.

A Gulasch und a Seidl Bier ist eine beliebte Frühstücksvariante.

Ein Zitat von Wolfgang Ambros.

Zehn Deka Grammln bittschön

Einkaufen in Wien

Natürlich gibt es in Wien, wie überall zwischen Feuerland und Alaska, jede Menge Supermärkte. Die unverfälschte Einkaufskultur lernt man jedoch nur beim **Greißler** (Tante-Emma-Laden) kennen. Dort ist zwar alles etwas teurer als beim Discounter, dafür wird man zuvorkommend mit **gnä' Frau** bzw. mit **gnä' Herr** angesprochen.

Eigentlich nur Warentausch?

Der Tauschvorgang Geld gegen Ware erscheint oft nur als lästige Unterbrechung eines **Tratsches** (Schwätzchens). Wichtiger sind die guten Ratschläge der **Greißlerin**, was gegen ein **hiniches Knia** (verletztes Knie) oder ein **Gspusi** (Seitensprung) des Ehemanns zu unternehmen sei; diese erhält man dann gratis.

10 Gramm = 1 Deka(gramm)

Beim Einkaufen ist darauf zu achten, dass Mengenangaben nicht in Gramm, sondern in **Deka** erfolgen.

Pfund sind ebenfalls verpönt; man begehrt **an hoibn Eadäpfl** (ein halbes Kilo Kartoffeln).

Wein bekommt man in **da Boutön** - Flasche, von frz. *bouteille* - oder als **Doppla** (Doppel-Liter-Flasche). Heimgetragen wird der Einkauf schließlich im **Sackl** oder im **Plastiksackl** (Plastiktüte). Nach erfolgreichem Einkauf befindet sich darin:

Babymilch, die	Frischmilch
Packlmilch, die	Milch im Viererpack
Joghurt, das	Joghurt (in Wien sächlich!)
Topfn, der	Quark
Semmel, die	Brötchen
Germ, der	Hefe
Faschierte, das	Gehacktes
Fleischlaberl, das	Hackbraten
Hendl, das	Huhn

an Topfn redn = *quatscht dummes Zeug*

Selbst für „Eingeborene" kaum zu durchschauen ist die Vielfalt der Bezeichnungen für jene Leckereien, die weiter nördlich als süße Stückchen zumeist nur pauschal Beachtung finden. Da gibt es so seltsame Sachen wie **Indianer mit Schlag** (Mohrenköpfe), poetische **Linzer Augen** (Keks mit Marmelade), geistvolle **Punschkrapferln** (Krapfen mit Alkohol) sowie eine unübersehbare Zahl von **Kipferln** (Hörnchen), **Golatschen** (Hefegebäck mit Füllung), **Schnecken** und **Krapfen** (in Fett gebackenes Hefegebäck).

Obst und Gemüse

Ågråsln, die	Stachelbeeren
Heidelbeeren, die	Blaubeeren
Ribisel, die	Johannisbeere
Hetschpetsch, die	Hagebutte
Weichseln, die	Sauerkirschen
Holla, der	Holunder
Weimperln, die	Rosinen
Ziweben, die	Rosinen
Zwetschke, die	Pflaume
Orange, die	Apfelsine
Ananas, die	Ananas
Marille, die	Aprikose
Maroni, die	Edelkastanien
Aschanti, die	Erdnüsse
Erdäpfel, der	Kartoffel
Eierschwammerln, die	Pfifferlinge
Fisolen, die	Schnittbohnen
Jägersalat, der	Chinakohl
Karotte, die	Mohrrübe
Karfiol, der	Blumenkohl
Kelch, der	Kohl
Kohlrabi, der	Kohlrübe
Kohlsprossen, die	Rosenkohl
Kukuruz, der	Mais
Paradeiser, der	Tomate
Porrée, der	Lauch
Radi, der	Rettich (groß)
Radieschen, das	Rettich (klein)
Rote Rübe, die	Rote Beete
Rotkraut, das	Rotkohl
Zeller, der	Sellerie

Wer jedoch an Holla redt, *spricht Stumpfsinn*

Ananas *bezeichnet auch die Gartenerdbeere*

de Erdäpfln *(Mz.)*

Sehnsucht nach der heilen Welt

Das Wiener Kaffeehaus

Für viele Wiener ist das Kaffeehaus der eigentliche Arbeitsplatz, wenn nämlich im Büro **Schmäh gführt** wird, oder er ist ein Ort des Schmäh-Führens, wenn im Büro geschlafen wird. Ein Grund für den Gang in ein Kaffeehaus nannte Alfred Polgar:

... oder weil man dort weder daheim ist noch an der frischen Luft. Zudem kann man Schach, Billard und neuerdings auf dem Laptop Larry Laffer spielen, die unwichtigsten Zeitungen der Welt lesen und die Steuererklärung schreiben.

„Ins Kaffeehaus geht man, wenn man alleine sein will, aber dazu Leute braucht."

Bestellt man in einem Kaffeehaus einen Kaffee, wird man vom **Ober** sofort als Gast niederer Sorte, noch schlimmer: als **Piefke** eingestuft . Es gibt nämlich keinen „Kaffee", sondern höchstens **kleine Braune, große Braune, Kapuziner, Einspänner** und ähnliches.

In dem Sketch „Die Kellnerprüfung“ von Rudolf Weys) sagte der Kellnerlehrling Karl:

„Ein Kapuziner, mehr licht, mit Schlag ist beinahe dasselbe wie eine Schale Nußgold mit Haut, nur eben mit Schlag statt mit Haut und um eine Idee mehr dunkel.“

Josef antwortete auf die Frage nach dem Schwarzen:

„Der erstere, nämlich der Türkische, ist teils passiert, teils natur oder gewöhnlich. Dann ist er gewöhnlich. Auch da gibts wieder Nuß- oder Teeschale, gstreckt oder nicht gstreckt, man kann zur passierten Nußschale einen Schlag oder zum Doppelmokka natur gar nix nehmen oder auch umgekehrt.“

Soweit alles unklar! Zwecks Vermeidung kultureller Blamagen sollte man zumindest die folgenden Grundbegriffe beherrschen:

Und so bestellt man :

An großn / klan Schwarzn, bittsche.

An großn / klan Braunan, bittsche.

Schwarze, der	Mokka mit 0 Tropfen Milch
Kapuziner, der	Mokka mit 1 Tropfen Milch
Braune, der	Mokka mit 3 Tropfen Milch
Melange, die	Mokka mit warmer Milch, in der **Teeschale** gereicht.

Dann gibt’s noch weitere Abwandlungen der vier Grundarten an „Kaffee“:

Der Franziskaner, eine **Melange** mit Schokoladestreuseln.

Der Einspänner, ein Mokka mit **Schlag**

(Schlagsahne), in speziellen Gläsern gereicht.

Der Mokka gspritzt, ein **Mokka** mit Weinbrand, also mit Schuß.

Zum besonderen Vokabular gehört auch **die Teeschale**. Die hat nichts mit Tee zu tun, sondern mit der Größe der Schale. Die kleinste heißt einfach **Mokkaschale**, dann kommt die **Doppelmokkaschale** und schließlich die **Teeschale**.

Nicht verwechseln mit einer „Schale Tee!“

Abgesehen davo gibt es noch **das Kipferl**, ein Gebäckstück in der Form eines Halbmondes, das zur Vermeidung überflüssiger Kaubewegungen in den Kaffee getaucht wird.

Jedes Kaffeehaus hat seine Stammgäste, die nach Friedrich Torberg freilich keine Besucher, sondern eher Bewohner sind.

„Das Café Central ist nämlich kein Caféhaus wie andere Caféhäuser, sondern eine Weltanschauung, und zwar eine, deren innerster Inhalt es ist, die Welt nicht anzuschauen.“
(Alfred Polgar)

In Kaffeehäusern, in denen Stammgäste künstlerische Ambitionen haben, sind die Kellner mit den Werken der von ihnen Bedienten vertraut. Fast jeder kann darüber ein paar Geschichten erzählen, so auch der Autor: Als seine Arbeit über die attische Tragödie, die er im Café „Museum“ geschrieben hatte, vom zuständigen Professor wegen fehlender Qualitäten nicht angenommen wurde, nahm der Ober die Arbeit mit nach Hause, um sie „ein wenig auszubessern“. Der Autor gab die verbesserte Fassung ab und erhielt eine Drei.

**„Was ist ein Kaffeehausliterat?
Ein Mensch, der Zeit hat, im Kaffehaus nachzudenken, was die anderen draußen nicht erleben.“**

Zitat: Anton Kuh

So nennt man die im Wiener Kaffeehaus Beschäftigten:

der Ober — Kurzfassung für **Oberkellner;** darf schwarze Anzüge tragen, Bestellungen aufnehmen, kassieren, Liebeshändel steuern und Gäste gegebenenfalls maßregeln. Ruf: **„Herr Ober!"**
Nach 100 Besuchen: **„Herr Franz!"**
Nach 1000 Besuchen: **„Franz!"**

Peter Altenberg, Wien I, Herrengasse, Café Central *(Wohnadresse laut Kürschners Literaturlexikon)*

der Zuträger — Gewöhnlicher Kellner; darf alles, was ihm der Ober befiehlt.

die Mantelhex — Reißt den Gästen Mäntel und Jacken vom Leib, um sie gegen Entgelt aufzubewahren; treibt nur noch in wenigen Kaffeehäusern ihr Unwesen.

Rosenverkäufer, Zeitungsverkäufer — Sind nicht im Kaffeehaus beschäftigt, tauchen jedoch periodisch dort auf, um ihre Waren anzupreisen und die Gäste aus dem Schlummer zu rütteln. In diese Kategorie fallen auch Spendensammler für die Heilsarmee, Schmuckanbieter sowie - in den Randbezirken - Kleinhehler.

Pülcha und Kiewara

Die Wiener Unterwelt

Wie kommt man ohne Arbeit an Geld? Dies ist die Kernfrage schlechthin in der Unterwelt. Immobilienbesitzer wissen ein Lied davon zu singen, sie sind die Könige im Kassieren von illegalen **Ablösen**.

illegale Abstandszahlungen für Wohnungen

Alles hat seinen Preis. Die Wiener Folgerung daraus lautet: Nur was gut **gschmiert** ist, läuft auch gut. Entscheidende Zahnräder im **Werkl** (Getriebe) sind Politiker, Beamte und Stadionordner (Ordner im Fußballstadion). Sie alle wollen Geld, um jene Leistung zu vollbringen, für die der Konsument bereits bezahlt hat. **Schmiern** erspart man sich bisweilen durch vorteilhafte Herkunft, prominente Bekannte (z.B. Politiker, Industrielle u.ä.) und/oder durch das richtige Parteibuch.

Wie überall besteht auch in Wien die Unterwelt aus den Guten und den Bösen. Es teilt sich in Wien in **Strizzis** (Zuhälter), **Beißa** (schwere Jungs) und **Pülcha** (leichte Jungs) auf. Auch sind die wechselseitigen Beziehungen der Guten und der Bösen nicht ganz klar. Als in Wien eine bekannte Zeitung über die guten Kontake eines hohen Kriminalbeamten zur Unterwelt berichtete, konnte dies nur eines zur Folge haben: Klage auf Rufmord seitens der Unterwelt.

die Guten und die Bösen

Pülcha und Kiewara

Das nötige Vokabular für die Unterwelt:

blitzn	die Zeche prellen
åstiern	Jemanden bestehlen, ohne große Fingerfertigkeit anzuwenden; diese Methode wird vorwiegend von Betrunkenen angewandt.
fladern	leichte Form des Diebstahls
måchn	Straftaten werden nicht begangen, sondern **gmåcht.** Man **måcht an Bruch** (Einbruchdiebstahl), **an Postla** (Überfall auf einen Briefträger), **an Taxla** (Überfall auf einen Taxifahrer) etc.
der Stoss	ein Wiener Karten-Glücksspiel nach dem Motto „Alles oder Nichts“
der Taschlziaga	kunstfertiger Dieb, der aus fremden Gesäß- und Brusttaschen Geldbörsen entwendet
der Fähra	durch einen Flaschenhals oder einen scharfkantigen Glasaschenbecher hervorgerufene Wunde im Gesicht
der Fisch	Messer mit herausspringender Klinge, Schnappmesser
die Kråchn	Knarre, Schießeisen
die Puffn	Handfeuerwaffe, Kracheisen
der Bruch	Einbruch
in die Scheibn greifen	die Entwendung von Juwelen, ohne die trennende Glasscheibe korrekt zu öffnen
die Briller	Brillianten
faschiern	Jemanden durch den „Fleischwolf drehen“ d.h. dermaßen verprügeln, dass nach dieser Behandlung von dessen Körper nur **Faschiertes** (Hackfleisch) übrigbleibt.
eisackln	einsperren. **Den hams eigsacklt!** = *Er ist in den Händen der Polizei!*

Damit ist keineswegs die Höflichkeit Wiener Kaffeehauskellner gemeint, vielmehr das voll ausgeschöpfte Repertoire der Körperverletzung.

Den håms ordntlich bedient. =
Den hat man aber ganz schön zugerichtet.

ordntlich bedient werdn

Eine handfeste Streiterei. Der **Kelch** ist daher das einzige Gefäß, das der Wiener frei nach dem Motto *„Herr laß diesen Kelch an mir vorübergehen"* von sich fern hält. Auf die Frage **Wüst an Köch!?** (Willst du einen Kelch?) ist mit einem unbedingten und freundlichen Nein zu antworten!

der Kelch

Entspricht dem **Kelch** und leitet sich von den **Wickln** (Umschlägen) ab, mit denen die Streithähne nach geschlagener Schlacht verarztet werden.

der Wickl

åkragln	Formulierung, die aus der Landwirtschaft im Umgang mit Hühnern entlehnt ist für jemandem den Hals umdrehen, ermorden.
der Brandla	Jemand, der durch gezielte Äußerungen Streit entfachen will; dagegen riecht es nach Gefahr, wenn es **brandelt**.
grean	Unangenehm; die Feststellung **grean is** kann sowohl eine allgemeine Zwickmühle (schwierige Situation) als auch eine Falle bedeuten. **A Greane** ist eine verdächtige Angelegenheit, bei der man leicht **eifoan** (den kürzeren ziehen) kann.
eiwakn	Personen werden eingeweicht, damit sie Informationen herausgeben. **Eigwakt** wird sowohl von der Polizei als auch von Ganoven. Alle Mittel sind erlaubt.
åbeißn	Strafe empfangen. **Der håt oadentli åbissn.** *Er hat eine hohe Strafe bekommen.*
der Giatl	Der zweite Ring um Wien (neben dem ersten, der Ringstraße) ist ein beliebter Standort der **Pferderln.**
der Peitscherlbua	Zuhälter, der seine **Pferderln** auf Trab hält
das Pferdal	Hure, Prostituierte
die Giatlhua	Prostituierte mit ständigem Standort am **Giatl**
der Deckl	amtsärztliche Bescheinigung für Prostituierte
die Heh	umfassende Bezeichung für alle Arten von Polizei
die Schmier	Polizei
Schmier stehen	Achtgeben auf zufällig auftauchende Polizei, bei Einbrüchen eine wesentliche Voraussetzung für gutes Gelingen.

der Mistelbåcha	Polizist. Mistelbach ist ein Ort im niederösterreichischen Weinviertel, der seine Bekanntheit nur aus der Ausbildung von Wiener Polizeischülern herleitet.
der Kiewara	Kriminalpolizist, auch als **Kiebara** oder **Kriminesa** bekannt
der Krautwåchta	Gendarm. Gendarmen kommen nur in ländlichen Gebieten vor.
Herr Råt	Ganovenbezeichnung für Richter
das Schmålz	Eine richterlich verfügte Strafe; wie dick dieses **Schmålz** aufgetragen wird, hängt vom Ermessen des **Herrn Råt** ab: **I håb an Åchtatåchzga kriagt.** *Ich bin wegen fahrlässiger, schwerer Körperverletzung* (nach § 88 österreichisches Strafgesetzbuch) *verurteilt worden.*
der Häfn	Gefängnis. Wer den **Häfn** gut von innen kennt, wird als **Häfnbruada** bezeichnet.
's Landl	Das Landesgericht im achten Wiener Gemeindebezirk. Hier wird verurteilt und auch **verwahrt.**

S' Preserl net vergessen!

Liebe und Sex

Nicht nur, wenn im Prater (Park in Wien) die Bäume blühen, werden die Wiener gern **ånlassig** (geraten in einen ausgeprägten Brunftzustand). Bisweilen ergibt sich daraus etwas **fias Heaz** (fürs Herz = tiefe Gefühle). Die Säulen der Wiener Schule sind der Charme im vorerotischen Stadium sowie die „Bekenntnisse der Josefine Mutzenbacher" im erotischen Stadium.

erotische und vorerotische Anwandlungen

Möglicherweise wird jemand ganz **wurlert** (kribbelig) beim Anblick eines anderen Menschengeschöpfes. Dabei kann es sich u.a. um einen **feschen Riegl** (stattlicher, großdimensionierter Mann) bzw. um einen **Restl** (Schwergewicht, jedoch athletisch gebaut) handeln, oder um eine **fesche Gretl** (steiler Zahn) bzw. eine **resche Oide** (Frau mit etwas herber Ausstrahlung).

Resch und **fesch** zu wirken, bedeutet eine gute Voraussetzung für einen **Aufriß** (erfolgreiche Anmache). Wird ein Mann als **Feschak** (schöner Mann) bezeichnet, sind ihm anerkennende Blicke sicher. Und die **guatn** oder **liabn Håsn** (hübsche Häschen/Mädchen) liefen in Wien schon herum, bevor es **Playboys** gab. Ein **Hås** wird auch als **Kåtz** (Mieze) bezeichnet.

Hat man schon des längeren ein „Ziel" vor Augen, ist man **schoaf auf de Oide** (scharf auf die Alte) oder den **Hawara** (Freund). Gleichzeitig ist diese Person auch **a schoafe Oide** bzw. **a schoafa Tüp** (ein toller Typ). Ein solcher kann natürlich auch ein **Wårmer** (Schwuler) sein.

Personen, die hingegen nicht so besonders anziehend wirken, werden unter **Tråmpl** oder **Kråmpn** (plumpes Frauenzimmer) geführt. Ihre männlichen Entsprechungen werden grob in die Kategorien **Wixa** (Wichser) und **Trottl** eingeteilt.

Eine beliebte Warnung Wiener Mütter an ihre Töchter lautet: **Låß di net vazahn!** (Laß dich nicht verführen). Denn wie rasch ist der gute Ruf im Eimer, wenn es heißt: **De hupft mit an jedn in d Hapfn!** (Die geht doch mit jedem ins Bett!)

Wiener Mütter warnen ihre Töchter: S'Preserl net vergessen!

S' Preserl net vergessen!

Beim großen Spiel der Liebe geht es aber zunächst darum, die Stimmung anzuheizen. Gewisse Rituale sind dafür unumgänglich:

aufreißn / aufgåbln / aufzwickn	Bekanntschaft machen, kennenlernen
si einehaun	sich unter Einsatz aller nur möglichen Schmeicheleien bei jemandem beliebt machen
füaßln	Versteckte Kontaktaufnahme mit den Füßen unter dem Tisch. Wird der berührte Fuß nicht **zruckzogn,** stehen die Zeichen günstig. Allerdings kann diese Form der Annäherung bei größeren Tischgesellschaften zu Verwirrung führen.
aufgansln	das Scharfmachen eines potentiellen Liebespartners, bis dessen erotische Stimulation in Form einer Gänschaut sichtbar wird
(å)bråtn	Jemanden „anbraten" bzw. **eibråtn** heißt soviel wie jemanden für den Genuß kommender Liebesspiele zubereiten.
der Bråter	einer, der **Bråtn** besonders gut beherrscht oder dies regelmäßig betreibt

Verschieden Vorzüge bestimmen die Einleitung des Rituals: Dies können innere, wie **a guata Schmäh**, aber auch äußere Anreize sein, die zum **Greifn** (Grabschen) einladen:

das Gstell	Der Körperbau. Wer **guat gstellt is,** ist in dieser Hinsicht ein Glückskind der Natur. dass jemand **X-haxat** (X-beinig) ist, muss dabei nicht unbedingt stören.

Jene weiblichen Körperteile, die zum Spaße gereichen: die Brüste	die Gspaßlaberln
lieblicher Busen, aber auch kleiner fester Arsch	die Zwetschkn
Hintern, Gesäß. Der **Oasch** kann **schiach** (häßlich) sein oder **liab** (lieb). Im Gegensatz dazu ist das **Popscherl** ausschließlich **liab**.	der Oasch

Wird zur liebestechnischen Hauptaktion geschritten, ist es unumgänglich, auch auf intimere Körperteile zu stoßen. Das „Stoßen" selbst wird oft als **budern** bezeichnet. Diese Bezeichnungen sind allerdings vulgär und werden in der Öffentlichkeit kaum verwendet.

Fut, die	Gesamtheit des weiblichen Geschlechtsorgans
Duttl, das	weibliche Brust
Futlapperl, das	Schamlippen
Brunzbuschen, der	Schamhaare
Beidl, der	Schwanz

An Gschråppn baun (ein Kind zeugen) sollte man nur in familienplanerischer Voraussicht, darum sei zumindest das Mitführen eines **Preserls** (Präservativs) angesagt. Von **Rauschkindern** spricht man nach Zeugung in der Folge eines **Heurigen-Besuches**.

Wia a Brettl sollte keine Frau im Bett sein, der Mann aber sollte achtgeben, dass er's **voi** (voll) bringt.

Kleinere Liebschaften werden als **Pantscherl, Techtlmechtl** bzw. **Gschpusi** bezeichnet. Sind die Partner jedoch längerfristig zusammen, spricht man vom **Gspån** (Gespann). Wie ein Pferdegespann befinden sie sich immer auf gleicher Höhe. Das fehlende Zaumzeug machen sie wett durch **Handerl hoitn** (Händchenhalten).

Hat man einen finanziell gut ausgestatteten Partner gefunden, könnte dieser bei Weiterbestand des Verhältnisses in Form einer Ehe **a guate Partie** sein. Diese muß dann jedoch nicht zwingend **a leiwande Partie** sein.

Auch das Ende einer Beziehungskiste ist Ritualen unterworfen: **ålahna =** jemanden anlehnen, den Laufpaß geben; oder auch ganz rigoros: **den Håhn gebn =** aus der Wirtshaussprache: „Lokalverbot"; in der Beziehung im übertragenen Sinn gleichbedeutend mit Beischlafverbot: man darf nicht mehr „hinein"

Doch gibt es auch das Auseinandergehen wider beider Willen. Auf Bahnhöfen **wachlt** (winkt) man in diesem Fall meist mit einem **Schneiztiachl** (Taschentuch).

aus: Josefine Mutzenbacher „Unveröffentlichte Schriften"

„Sein Hemd begann sich von seinem Bauch wegzuspreitzen. Sie kniete sich nieder. Er konnte im Spiegel von hinten ihren Brunzbuschen sehen. Ihre Zwetschken streiften über seine Männlichkeit. Dann öffnete sie ihr süßes Goscherl."

Geht's ham!

Kunst und Sport

Eine beliebte Redewendung lautet: Des is ka Kunst! Dies darf nicht als abwertende Äußerung gegenüber moderner Kunst verstanden werden, sondern drückt die Fähigkeit des Wieners aus, alle Probleme des Alltags mit leichter Hand zu meistern, ohne sich stets an die Buchstaben des bürgerlichen Gesetzbuches zu halten.

Kunst kommt daher fast überall vor. Wer in Wien als Beruf **Måla** (Maler) angibt, wird sofort mit dem Renovieren von Wohnungen in Zusammenhang gebracht und nicht mit Ölgemälden. Umgekehrt existiert die Sparte des **akademischen Plånknmålas** (jemand, der Hauswände mit Werbegrafik anmalt, Anstreicher).

Wien ist bekannt für seine Sängerknaben. Diese geraten jedoch gelegentlich in den Stimmwechsel. Mehr als die Sängerknaben liebt der Wiener das beständigere Wiener Lied, das er gerne und falsch mitsingt. Die drei dominierenden Themen der Wiener Lieder sind Wein, Weib und Tod:

„Heit wird a Wein sein, und mir wern nimmer sein, holodoro! ... S'wird schöne Maderln geben, und mir wern nimmer leben, holodoro!"

Am schönsten wird das Wienerlied von jenen Musikanten dargeboten, die aufgrund ihres Tuns als **Schrammeln** bezeichnet werden. Zu hören sind diese oft beim **Heurigen**.

Lieblingsinstrumente der Musikanten:

das picksüaßes Hölzl	Klarinette. Sie gibt es kaum mehr in den Ensembles, stattdessen aber die ...
die Quetschn	Ziehharmonika, auch **Mauraklavier** (Maurer-Klavier) genannt.
die Klåmpfn	Gitarre

Der Wiener geht nicht gern ins Theater, er macht sich lieber ein Theater, sei es beim **Heurigen** oder im **Stammbeisl.** Er schätzt zwar den **Woiza** (Walzer) und dessen Ziehvater, den **Strauß-Schani**. Da ein Walzer aber nicht im Sitzen ausgeübt werden kann, begibt er sich lieber auf die Ränge des Wiener Stadions.

Walzer-Ziehvater: Johann Strauß

Auch im Fußball liebt der Wiener eher die Technik denn die pure Kraft. Das künstlerische, schrammelartige Verständnis von Fußball zeigt sich beim **Aufgeign** (Aufgeigen), das ist eine Art von Tricksen, das der Wiener als Zweck des Fußballspiels begreift - nur armselige „Handwerker“ glauben, auch mal Tore schießen zu müssen.

Böck, die	Fußballschuhe
Wuchtl, die	der Ball
Fettn, die	Drall des Balles
ånreißn	kräftig schießen
Hadern, der	Gewaltschuß
aussteign lassen	Austricken des Gegenspielers
gaberln	Jonglieren des Balles mit den Füßen
Ballestara, der	jeder, der die gefühlvolle Art der Wiener Ballbehandlung versteht
rasiern	unbeabsichtigtes Treffen der Wuchtel
åziagn	sprinten (nicht geschätzte Bewegungsweise der heimischen **Ballestara**)
die Gurke geben	Einem Gegner den Ball durch die Beine schieben, ist erstrebenswerter, als ein Tor zu schießen.
Bummerl, das	Tor, das man bekommt
Schiri, der	Schiedsrichter
Wachla, der	Linienrichter

„I wer narrisch,
i wer narrisch,
i wer narrisch,
i wer narrisch,
i wer narrisch!“

(Edi Finger sen., Radiokommentator bei der Fußballweltmeisterschaft 1978 in Cordoba anläßlich des dritten Tores der Österreicher beim 3:2-Sieg gegen die Deutschen)

Raunzn und Dulliöh

Stimmungen

Der Wiener geht davon aus, dass die Welt schlecht ist und jede Aktivität alles nur noch schlimmer macht. Diese Haltung, **Grant** genannt, hat etwas Fatalistisches an sich. Dem entspricht das **Raunzn,** eine Art von plappernder Nörgelmedidation über die Fehler der Welt im Allgemeinen und Gottes im Besonderen.

Die Themen: Männer, Frauen, Politik und Sport

Die beliebtesten Themen sind **de Monna** (Männer), **de Weiba** (Weiber), **da Fuaßboi** (Fußball), **des Schifoan** (Skifahren) und natürlich **de Vabrecha in da Politik**. Dabei gilt der Grundsatz: Jeder raunzt für sich alleine. Auch in Gruppen dienen die Beschwerden des einzelnen nur als Startsignal zu einer allgemeinen Raunzerei, bei der jeder mit weinerlicher Überzeugung sein eigenes Schicksal als das schwerste von allen darstellt. Gelungene Raunztiraden erinnern an Rap-Nummern, die mit halber Geschwindigkeit abgespielt werden.

Die Art der Fortbewegung

Es gibt so viele Nuancen. Im Unterschied zum Bundesdeutschen „läuft“ der Wiener nirgends hin. Bestenfalls **hatscht** (geht schleppend) oder **latscht** (schlurft) er. Wenn er **kräut** (kriecht), dann meist, wenn ein Weg nicht zu vermeiden ist: **I muaß aufs Finazåmt kräun**.

ummadumlanan	untätig herumlungern
a fades Aug håbn	sich langweilen
knotzn	teilnahmslos herumsitzen.
betropezt	betrübt
dasig	leicht verwirrt oder schwindlig
tramhappert	schlaftrunken, zerstreut
matsch	sehr müde, zerschlagen
bedient	körperlich oder geistig nicht auf der Höhe
powidl	Alles was den Wiener nicht interessiert, ist **powidl.**
wurscht	Egal. Dem Wiener ist grundsätzlich alles **wurscht** mit Ausnahme seines Hundes.
måtschkern	kaum vernehmbar fluchen, vor allem auf anwesende Autoritäten; auch: sich aufregen

Die Steigerung von knotzn *ist:* knotzn wiara stinkats Gsöchts *= herumsitzen wie ein Stück verdorbenes Kassler*

Dem Hund wiederum ist vor allem das Verbot, die Parkanlagen zu betreten, wurscht.

auch: ångspeist, ånpapperlt

zsåmmprackt	niedergeschlagen
ångfressen	alles bzw. etwas Spezielles satt haben
Schön (pomali)!	Immer mit der Ruhe!
auf da Dackn liegn	am Boden zerstört sein
åm Sånd sein	ist ein Hinweis auf eine ausgewachsene Depression (kein Kinderspiel)
sudan	in klagendem Selbstmitleid ertrinken

Es verwundert wohl nicht, dass der Wiener oft **im Wiglwogl** (hin- und hergerissen) ist, wenn man ihn aus seiner Unentschlossenheit reißt und ihm Entscheidungen abverlangt. Ein Zitat aus einem Sketch von Carl Merz und Helmut Qualtinger mag das belegen:

Der Freund sagt: Was, Travnicek, glauben Sie, weswegen Sie zur Wahl gehen?

Travnicek antwortet: **Weil i an Zettel krieg?**

Der Freund: Nein! Der Politiker braucht den Kontakt mit dem Volke. Durch diesen Zettel erfährt er, was Sie als Wähler von ihm halten.

Travnicek: **Des kann i auf'n Zettel aufschreiben?**

Und der Freund: Nein, dann ist er ungültig!

Auch sollte man den Wiener nicht zu sehr reizen, sonst vergisst er am Ende sein Phlegma und kriegt **an Murdstrumm Gachn** (einen Riesenzorn), und es kann zu einem **Wickl** oder

Kelch kommen. Auf jeden Fall entsteht ein **Ballawatsch** (Wirrwarr), der einen **Bahöö** (lautstarken Aufruhr) zur Folge hat.

Bei **mia geht des Gimpfte auf** geht es um den Grad der Erregung, bei dem der Zorn die Impfnarben aufsprengt.

fäun	schlecht gelaunt sein
jemånd åfäun	auf den Geist gehen
auf jemånd fäun	Jemanden oder etwas als Strafe für die Menschheit betrachten.
gfäut	minderwertige Sache oder unangenehmes Ereignis: **a gfäute Geschicht**
haß rennen	rascher innerer Temperaturanstieg
an Pick håbn auf	Den *pique* (frz. Spieß) legt man wohl auf jemanden an, den man auch treffen will!
si wås vakiefln	etwas nicht aussprechen, meistens deshalb, weil man sich in der unterlegenen Position befindet

I fäu aufn Frånz *(Ich bin stinksauer auf den Franz)* *läßt den Schluss zu, dass sich selbiger nicht im Raum befindet.*

Wiener Beugungsmuster von „weinen“:
I blaz, du rerst,
er häult, mir wanan,
es flennts, sie plern

Manchmal ist der Wiener freilich auch **guat drauf.** Dann lacht und scherzt er, macht sich also einen **Karl** oder eine **Gaudi** (einen Spaß) - und er singt über den Tod:

„Ein Mensch, der einen Åffn håt,
is meistns kreuzfidö;
drum gibt's auch in da Wienerstådt
fast immer an Bahöö.
Bei mir is des gråd umgekehrt,
direkt katastrophal,
wann mir a Räuscherl s' Herz beschwert
werd i sentimental!
Dånn fålln mir d'Pompfinebara ein,
ich seufz in mich hinein:
I brauch kan Pflanz, i brauch kan Glanz,
i brauch ka schäne Leich.
I komm a ohne Kranz
genausoguat ins Himmlreich."

Text: Karl Leibinger

Die Zustände, in die ein Wiener so geraten kann, sind vielfältig:

Viertel = *Maßeinheit für das Ausschenken von Wein*

an Åffn håbn	beschwipst sein
Dulliöh, der	wundersame Schräglage nach einigen **Vierteln** , in der sich Wiener unverwundbar, stark und pudelwohl fühlen
Juchaza, der	akustisch vermittelte, unbegründete Gefühlsaufwallung, ähnlich dem Jodeln

leiwand	keine „Leinwand", sondern das höchste Kompliment, das in Wien vergeben wird: spitzenmäßig.
Remasuri, die	ausgelassene Feierlichkeit, bei der **wås los is,** z.B. eine Hochzeit, ein Brückeneinsturz etc.
Mulatschak,der	nächtliche Umtriebe, die mit einem Besäufnis, unter Umständen auch mit einer Geschlechtskrankheit, enden
in da Wön	Die Welle, in der sich die Person befindet, in eine Folge des Genusses von Alkohol, Hasch, u.ä. Der Schritt des Bedauernswerten ist dem bei hohem Seegang vergleichbar.

Sind mehrere Menschen gemeint, handelt es sich um eine leiwande Partie. *Die Steigerung ist* urleiwand.

Die Rätedemokratie

Ämter und Behörden

Aus der Tradition der Monarchie durchdringt ein barockes Geflecht von Verordnungen, Beschließungen und Gesetzen das gesamte öffentliche und private Leben. Dieses Netzwerk ist so komplex ausgestaltet, dass sich erstens keiner mehr auskennt und sich zweitens wenige daran halten.

Wiener Gesetze sind ein bisschen anders!

Das sind Weanagsetz! (Wiener Gesetze) sagte man bis zur Jahrhundertwende zu behördlichen Verordnungen oder amtlichen Bestimmungen, um die sich kurze Zeit nach deren Inkrafttreten keiner mehr kümmerte. Diese und ähnliche Regelungen führten übri-

Gurkenverordnung

Gurken müssen den Mindestanforderungen entsprechen. Gerade und leicht gebogene Gurken (maximale Krümmung von 20mm auf 10 cm Länge der Gurke) dürfen (...) Fehler aufweisen. Krumme Gurken (Krümmung von über 20 mm auf 10 cm Länge der Gurke) dürfen jedoch nur leichte Farbfehler und keine andere Verformung als ihre Krümmung aufweisen. Sie dürfen nur getrennt von geraden und leicht gebogenen Gurken dargeboten werden.

gens dazu, dass die heimische Landwirtschaft als die erste und einzige Planwirtschaft auf westlichem Boden bezeichnet wurde.

Zu der Ebene der Benennung von Sachverhalten und Gegenständen, auf der die Bürokratie Farbe und Sprache bekennt, gehört das Straßenschild:

Fleischmarkt 9:
„Fussgeher Achtung auf das Fuhrwerk! Schrittfahren! Schwerfuhrwerkskutscher haben die Pferde am Zügel zu führen oder eine erwachsene Begleitperson zur Warnung der Fussgänger voranzuschicken."

„In dem 1809 erbauten Haus wohnte von 1985 bis 1988 der Personalvorstand der Niederösterreichischen Landesregierung, Vortragender Hofrat Dr. Karl Klein, Verfasser des bundesweit richtunggebenden niederösterreichischen Personalgesetzes. Sein Leben war selbstlos und gütig."
(S.Stindl. Gedenktafel in Wien von 1988)

Wienerwald, Nähe Himmelstraße, zwischen Weinreben
„Hier enthüllte sich am 14. Juli 1895 dem Dr. Sigm. Freud das Geheimnis des Traumes"

Ebenfalls aus der Monarchie stammend, hat sich ein wucherndes Geflecht von Titeln und Berufsbezeichnungen erhalten, das Wien zur ersten und einzigen konservativen Räterepublik macht. Die entsprechenden Titel werden entweder mit dem **Hintern ersessen** oder durch die Leistung erworben, Freunde in den zuständigen Ausschüssen zu haben, die diese Titel vergeben.

Gesichert ist das Vorkommen der folgenden Titel:

Polizei 12, Paßreferat: *„Nicht klopfen, wir öffnen alle 15 Minuten“*

Altes Rathaus, Wipplingerstraße: *„Anmeldung von Sterbefällen“*

Ambulatorium Strohgasse: *„Wir wünschen baldige Genessung“ Darunter: „Gilt nicht am Donnerstag“*

Amtsrat	**Hofrat**
Kanzleioberkommissär	**Kanzleikommissär**
Kanzleileiter	**Kanzleioffizial**
Kanzleirat	**Kommerzialrat**
Magistratskommissär	**Magistratsrat**
Ministerialrat	**Oberamtsrat**
Obersenatsrat	**Ökonomierat**
Rat	**Regierungsrat**
Sektionschef	**Senatsrat**
Studienrat	**Verwaltungsoberkommissär**
Verwaltungsoffizial	**Wirklicher Hofrat**

Sollten Sie nun glauben, Sie kennen sich aus, irren Sie gewaltig. Erst in der Anwendung auf die verschiedenen Berufsgruppen findet dieses theoretische Rätesystem seine eigentliche, bestimmungsgemäße Erfüllung. Dadurch kommen z.B. zustande:

Veterinärräte, Geräte, Bauräte, Forsträte

Deren rangmäßige Erhöhung ist nun nicht etwa der **Veterinäroberrat,** sondern der **Oberveterinärrat** bzw. der **Oberstadtbaurat**. Um das Titelsystem nicht unnötig komplizierter zu machen, als es sowieso schon ist, wurde auf alle **Sonderdezernenten, Sonderreferenten** und die obligatorischen **Inspektoren** in halbwegs frommer Absicht verzichtet.

Daneben existieren natürlich auch spezielle Berufstitel. Dies sind laut Bundesverfassung *„Titel, die eine berufliche Tätigkeit hervorheben, kennzeichnen und zur Auszeichnung für besondere Leistungen im Beruf bestimmt sind“.*
Beispiele:

Ökonomierat, Kommerzialrat, Unrat

Der Titel **Professor** aber ist in 97 Prozent aller Fälle nicht auf Leistungen im Berufsleben zurückzuführen, vielmehr läßt sich jeder Lehrer einer Schule, an der man mit dem Abitur abschließen kann, so ansprechen. Um zu vermeiden, eine fremde Person zu beleidigen, empfiehlt es sich, sie von vornherein mit **Herr/Frau Dokta** anzusprechen.

Karl Farkas, streng die Titel-Regelung der Rätedemokratie befolgend, erschuf den sogenannten **Oberzahnradbahnbahnrat.**

Vor einer Tür mit der Aufschrift „Eintritt bis auf Widerruf verboten“ ruft Guck:
„Herr Rat! Aufmachen!“
Ohne zu öffnen, ruft der Beamte:
„Was ist denn?“
Guck erklärt:
„Der Weltuntergang kommt!“
Der Beamte erwidert:
„Nur zwischen 9 und 2 Uhr. Jetzt is ka Parteinverkehr.“

(Jura Soyfer)

Salzamt

Legendäre Wiener Behörde, zu der jene Staatsbürger hingeschickt werden, die schon bei einer Behörde vorstellig waren, die sich aber im betreffenden Fall als für nicht zuständig erklärt hat.

A schöne Leich

Sterben in Wien

„Wånn i amoi stirb,
miassn mi d'Fiaker
trågn und dazu
de Zither schlågn,
wäu i war meiner Seel'
alleweil fidel."

(aus einem alten Wiener Lied)

Man stirbt nicht in Wien, man **gibt den Löffl åb,** um anschließend bei einem möglichst prunkvollen Begräbnis als **schöne Leich** auf einem der zahlreichen Friedhöfe bestattet zu werden. Eine derartige Veranstaltung umfasst unter anderem Ansprachen professioneller Leichenredner, Trauerlieder, dargeboten von Mitgliedern des Staatsopernchors (der deshalb am Abend bisweilen heiser klingt) und den Leichenschmaus.

Wer sich zum Abgang entschlossen hat, kann bei der Städtischen Bestattung noch vor dem Tod aus einem umfangreichen Angebot an letzten Behausungen auswählen:

Einfache Gräber	**Familiengräber**
Granitgräber	**Grabkammern**
Grüfte	**Gartengräber**
Mausoleen	**Urnenwandnischen**
Urnengräber	**Gruftartige Urnengräber**
Urnengrüfte	

Das Angebot ist zweifelsohne reichhaltiger als jenes auf dem Wohnungsmarkt.

Die Pilgerstätte aller Wortschöpfer ist zweifellos der zwei Millionen Quadratmeter große **Zenträu** (Zentralfriedhof). Einem geflügelten Wort zufolge ist er nur halb so groß wie Zürich, aber doppelt so lustig. Um auch Mozart an diesem Spaß teilhaben zu lassen, spendierten ihm die Wiener ein Ehrengrab, in dem er nie gelegen hat.

Zeit seines Bestehens hat der **Zenträu** die Sänger der Stadt in seinen Bann gezogen. Zum 100. Geburtstag schrieb Wolfgang Ambros die Hymne *„Es lebe der Zentralfriedhof“*. Und schon im 19. Jahrhundert hieß es in einem Altwiener Volkslied schaurig-schön.

„Wer den
Centralfriedhof nur
kennt, der weiß, er wird
oft überschwemmt,
A Frau, versunken in
Schmerz und Gram,
Möchte gern besuchen
den todten Mann.
Sie findet ihn nicht,
sucht sie noch so viel,
Ja was ist das,
ja was ist das,
er schwimmt grad
i der Hinterbrühl,
hörns das ist a Spaß.“

Weitere interessante Friedhöfe sind der St. Marxer Friedhof im Stil des Biedermeier und der „Friedhof der Namenlosen“ beim „Albernen Hafen“, in dem nicht identifizierte Wasserleichen aus der Donau begraben wurden.

Ein Teil der sterblichen Überreste des Habsburger Geschlechts liegt in der Kapuzinergruft. Ein Teil deshalb, weil Ferdinand IV. (gestorben 1654) den Brauch einführte, die Herzen und Innereien von Mitgliedern des Herrscherhauses getrennt zu bestatten. Die entsprechenden Urnen sind in der Lorettokapelle der Augustiner Kirche zu besichtigen.

Im Bestattungsmuseum in der Goldeggasse sind die Hilfseinrichtungen des Todes vom Leichenwagen bis zum wiederverwertbaren Sarg mit Kippvorrichtung umfassend festgehalten.

Anasiebzga, der	Straßenbahnlinie 71, die zum Zentralfriedhof fährt
Bleamalfrau, die	Blumenverkäuferin
Partezettl, der	Todesanzeige
a Bankl reißn	sterben
si dasteyy	straucheln; sterben
de Påtschn streckn	die Löffel abgeben, sterben
si hamdrahn	sich umbringen
åkråtzn	brutaler Ausdruck für „sterben“
Hoizpyjama, der	Sarg
Pompfinabarar, der	Totengräber.
Banane, der	der Beinerne, also der Tod

Der Begriff stammt von dem Begräbnisunternehmen „Entreprise des pompes funebres“, etwa: „Unternehmen des üppigen Begräbnisses“, das aufgrund eines Vereinbarung mit dem Konkurrenz-Unternehmen „Pietät“ alle außerkirchlichen Begräbnisdienste anbot.

Und zu guter Letzt natürlich **der Quiqui** - der Tod -. Wer eine schwere Krankheit überstanden hat, ist gerade eben dem **Quiqui von da Schaufl gsprungen** (dem Tod von der Schippe gesprungen).

Personenverzeichnis

Alle im Buch vorkommenden Personen sollen hier kurz vorgestellt werden:

Ambros, Wolfgang: Sänger, leitete mit seinem *„Da Hofa"* in den Siebziger Jahren den sogenannten *„Austro-Pop"* ein.
Berger, Joe: Wiener Original und Schriftsteller (1939-1991).
Broch, Hermann: Österreichische Schriftsteller, (1886-1951), lebte seit 1938 in den USA.
Chiavacci, Vincenc: Feuilletonist, (1848-1916).
Farkas, Karl: Kabarettist, bekannt durch seine Doppelkonferenzen mit Ernst Waldbrunn, (1893-1971).
Gaudí, Antoní: Katalanischer Architekt, (1852-1926), schuf in Barcelona Gebäude und Kirchen, die mit dem Selbstverständnis klassischer Architektur brachen.
Kuh, Anton: Wortsteller und in finanziellen Nöten auch Essayist, (1890-1941).
Moser, Hans: Wiener Volksschauspieler und Erfinder des Nuschelns, (1880-1964).
Mutzenbacher, Josefine: Hauptfigur im gleichnamigen Roman von Felix Salten (1869-1945).
Nestroy, Johann: Schauspieler und Stückeschreiber, (1801-1862): *„Einen Jux will er sich machen", Das Mädl aus der Vorstadt".*

Ostbahnkurti: Rockiger Wiener Volkssänger, eigentlich: Willi Resetarits.
Polgar, Alfred: Essayist und Feuilletonist, Mitarbeiter der „Weltbühne", (1873-1955).
Qualtinger, Helmut: Wiener Original, Schauspieler, Kabarettist, (1928-1986).
Soyfer, Jura: Kabarett-Autor der Zwischenkriegszeit, (1912-1939).
Torberg, Friedrich: Schriftsteller und Kulturpublizist, (1908-1979): *„Die Tante Jolesch oder der Untergang des Abendlandes in Anekdoten".*
Teuschl, Wolfgang: Texter der heimischen Kabarett-Prominenz.
Tramontana, Reinhard: Journalist (Wochenzeitung „Profil").

Literaturempfehlungen

Falls Sie sich eingehender mit den Wienern und dem Wienerischen befassen möchten, bieten wir Ihnen eine erste Auswahl in dieser Literaturliste. Seien Sie aber darauf gefasst, dass Sie das ein oder andere Buch in einer Bibliothek oder einem Antiquariat suchen müssen. Viel Spaß mit diesen Schmankerln!

Die hier genannten Bücher/Schriften sind nicht über den Reise Know-How Verlag erhältlich.

Nestroy, Johann: verwendet in seinen Possen nicht das „Wienerische", sondern eine Kunstsprache, die viele Begriffe aus dem Wienerischen entlehnt. Der Witz ist verbunden mit dem Wienerischen und verliert auf Hochdeutsch seine Wirkung. Bekannte Werke: *„Der böse Geist Lumpazivagabundus"*, *„Einen Jux will er sich machen"*.

Soyfer, Jura: Schrieb mit *„Astoria"* oder *„Der Weltuntergang"* die sogenannten „Mittelstücke" für das Kabarett der Zwischenkriegszeit; heute sind sie nur als Gesamtausgabe erhältlich.

Artmann, Hans Carl: *„med ana schwoazzn dintn, gedichta r aus bradnsee"* (= Mit einer schwarzen Tinte, Gedichte aus Breitensee); Artmanns Gedichte sind ziemlich schwer lesbar, weil er eine eigenwillige Transkription verwendet. Die Plattenversion (vorgetragen von Helmut Qualtinger) ist da schon eher verständlich, und genauso empfehlenswert.

Teuschl, Wolfgang: *„Da Jesus und seine Hawara - Wiener Evangelium"*; eine Bibelübersetzung, die an keiner Stelle parodistisch oder blasphemisch wird.

Nöstlinger, Christine: *„Iba de gaunz oaman Fraun"* (Über die ganz armen Frauen); *„Iba de gaunz oamen Kinda"* (Über die ganz armen Kinder); Gedichte, die den Leser vor fast unlösbare Probleme stellen, wenn er dem Wienerischen nicht gewachsen ist.

Beyerl, Beppo: *„Eckhausgeschichten"*, Wien 1993; skurrile Begebenheiten in einem Wiener Althaus.

Mit dem Wienerischen beschäftigen sich:

Sinhuber/Zehntmayr: *„Wien heiter betrachtet"*, Tomus 1990. Von „Adabei" bis „Zuwizahrer" werden „Wienerismen" präsentiert.

Jakob, Julius: *„Wörterbuch des Wiener Dialektes"*, Harenberg-Verlag 1929; eher für sprachwissenschaftlich interessierte Leser.

Wehle, Peter: *„Sprechen Sie Wienerisch"*, Ueberreuter 1980; für Leser, die an der Entwicklungsgeschichte und der Gaunersprache des Wienerischen interessiert sind.

Hauenstein, Hans: *„Wiener Dialekt. Weanerische Drahdiwaberl von A-Z"*, Karner-Verlag 1974; Nachschlagewerk.

25 Jahre Kauderwelsch

Kauderwelsch 3 in 1: Sammelbände zum Jubiläum

Jubiläumsband 1
Amerikanisch 3 in 1
ISBN 978-3-89416-587-1

Jubiläumsband 3
Italienisch 3 in 1
ISBN 978-3-89416-584-0

Jubiläumsband 4
Englisch 3 in 1
ISBN 978-3-89416-581-9

Jubiläumsband 5
Spanisch 3 in 1
ISBN 978-3-89416-583-3

Jubiläumsband 7
Chinesisch 3 in 1
ISBN 978-3-89416-585-7

Jubiläumsband 8
Heilige Sprachen
ISBN 978-3-89416-255-9

Reise Know-How Verlag, Bielefeld
www.reise-know-how.de

Kauderwelsch „Slang"

Die Sprache des Alltags – ohne Wenn und Aber!

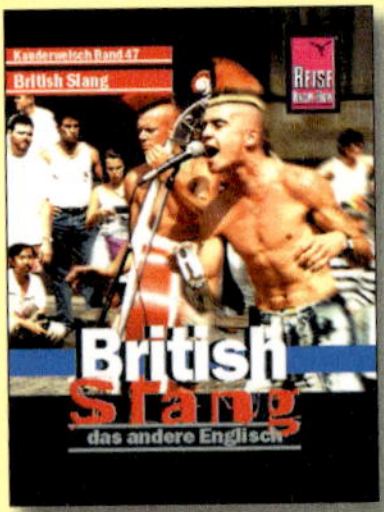

V. Sierra-Naughton
British Slang – das andere Englisch
ISBN 978-3-89416-037-3

Manfred Malzahn
Scots – die Sprache der Schotten
ISBN 978-3-89416-277-5

Hermann Kayser
Französisch Slang – das andere Französisch
ISBN 978-3-89416-017-9

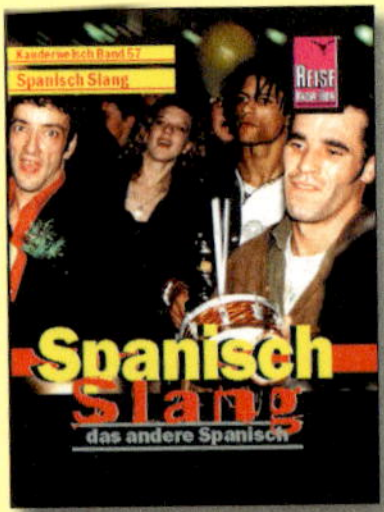

H. J. Fründt
Spanisch Slang – das andere Spanisch
ISBN 978-3-89416-247-3

Elke Walter
Irish Slang – echt irisches Englisch
ISBN 978-3-89416-479-9

Elfi Gilissen
Niederländisch Slang – die Sprache der Käsköppe
ISBN 978-3-89416-461-1

www.reise-know-how.de

Kauderwelsch „Dialekt"

Die Sprache des Alltags – ohne Wenn und Aber!

Richard H. Kölbl
Bairisch
ISBN 978-3-89416-306-8

H. & H.-J. Fründt
Plattdüütsch
ISBN 978-3-89416-322-8

K. Werner, E. M. Bendixen
Sächsisch
ISBN 978-3-89416-264-1

R. N. Weiss
Elsässisch
ISBN 978-3-89416-514-7

M. Thiergart
Kölsch
ISBN 978-3-89416-305-1

Sibylle Kohls
Berlinerisch
ISBN 978-3-89416-508-6

www.reise-know-how.de

Wörterliste

Hier sind alle Stichwörter noch einmal alphabetisch in einer Wörterliste zusammengefaßt. Die Zahl hinter den Einträgen verweist auf die Seite, auf der man den entsprechenden Ausdruck findet. Bei Redewendungen wie ***„an Topfn redn"*** *sucht man unter* ***„Topfn"***.

A

B

C

D

E

F

Wörterliste

Q

R

S

W

X

Z

Die Autoren

Beppo Beyerl, geboren 1955 in Wien-Hadersdorf ist Fußballer bei Kay & Kramer-Hadersdorf. Er studierte Russisch, weil er eigentlich Spion werden wollte. Nach dem Wegfall von günstigen Berufsaussichten begann er jedoch zu schreiben, und zwar bevorzugt über Wien und den Rest der Welt; wobei der Rest der Welt vornehmlich im „Osten" positioniert ist.
http://members.aon.at/beppos_literatur

Dr. Gerald Jatzek, Gerald Jatzek, geboren 1956 in Wien & lebt ebendort sowie zeitweise in Panik. Er arbeitet als Autor, Internet-Programmierer, Musiker & Journalist, erhält bisweilen Literaturpreise & trinkt Kaffee. Als echter Wiener ist er vorwiegend mit Menschen aus dem Irak, Kurdistan, Deutschland und der Steiermark befreundet.
http://www.wienerzeitung.at/jatzek

Klaus Hirtner, geboren 1958 in Steyr, gestorben 1995 in Wien, spielte Fußball bei Vorwärts-Steyr, übersiedelte mit 18 Jahren einsichtig nach Wien. Er hielt sich oft im fremdsprachigen Ausland auf (Deutschland, Griechenland, Italien), kehrte jedoch jedesmal reumütig nach Wien zurück. Er war Finder, Erfinder und Gestalter von Texten, Bildern und Tönen und außerdem Medienkritiker der „Wiener Zeitung".